Remo Kroll und Frank-Rainer Schurich

Tötungsdelikt Gisela G.

Von Remo Kroll und Frank-Rainer Schurich liegt bei Bild und Heimat außerdem vor:

Die Tote von Wandlitz und zwei weitere Fälle
(Blutiger Osten 2017)

Remo Kroll und Frank-Rainer Schurich

Tötungsdelikt Gisela G.

und zwei weitere Fälle

Bild und Heimat

ISBN 978-3-95958-145-5

1. Auflage dieser Ausgabe

Umschlaggestaltung: capa
Umschlagabbildung: Chris Keller / bobsairport
Druck und Bindung: GGP Media GmbH, Pößneck
In Kooperation mit der SUPERillu

SUPERillu

FSC
MIX
Papier
FSC® C014496

www.superillu-shop.de

Inhalt

Vorwort

In unserem Buch *Die Tote von Wandlitz* stellen wir drei spektakuläre Mordfälle aus der DDR vor, die alle einen Bezug zur Gegend um die Gemeinde Wandlitz bei Berlin haben. Die Verbrechen, über die wir hier in *Tötungsdelikt Gisela G.* berichten, spielen nunmehr mitten in Berlin, in der Hauptstadt der DDR, und zwar in den Jahren 1964, 1967 und 1971. Die Tatorte befinden sich im Stadtbezirk Friedrichshain und am S-Bahnhof Berlin-Rahnsdorf, im Stadtbezirk Köpenick.

Wir studierten wieder Berge von Akten, wälzten zusätzlich Fachliteratur und lasen Zeitungsberichte aus jener Zeit. Wir rekonstruieren die Begehungsweisen, analysieren die Ermittlungsansätze und stellen die zum Teil sehr überraschende Aufklärung der Kriminalfälle dar. Wir fragen nach den Tätern und ihren Motiven, nach den Opfern und nach den bei der Untersuchung dieser Tötungsdelikte aufgetretenen taktischen Fehlern. Und: Soweit es uns möglich ist, verfolgen wir, was aus den damaligen Tätern geworden ist. In der Geschichte *Tod im Friedrichshain* wird zum Beispiel der Mörder nach Verurteilung und Haftverbüßung ein geachtetes Mitglied einer Brigade der sozialistischen Arbeit in den Berliner Verkehrsbetrieben. (Ein Beleg dafür, dass es die DDR mit der sogenannten Wiedereingliederung wirklich ernst gemeint hat.) Sozusagen als Nebeneffekt ist es unsere Absicht, das damalige Lebensgefühl nicht nur der Kriminalisten, sondern aller irgendwie an den Fällen beteiligten Personen lebendig werden zu lassen, was auch die Psychologie der Täter und ihre Resozialisierung einschließt.

Die Namen der Täter, Opfer und Zeugen sowie einige Handlungsorte haben wir aus personenrechtlichen Gründen verändert. Für die so neu erfundenen Namen erklären der Verlag und die Autoren, dass Personen mit diesen Namen in den behandelten drei Mordfällen in keinem Fall agiert haben. Übereinstimmungen sind rein zufällig. Die Namensänderungen sind nicht gesondert gekennzeichnet, aber notwendige Ergänzungen in Zitaten in [Klammern] gesetzt.

Zitate aus den Originaldokumenten, zum Beispiel aus Gutachten und Vernehmungsprotokollen, sind wie die dazugehörige Dokumentenquelle oft *kursiv* gesetzt. Dadurch ist im Sinne einer besseren Lesbarkeit auf den ersten Blick sichtbar, welche Details und Aussagen zitiert wurden.

Die Abbildungen sind bis auf einige Ausnahmen den Akten der BStU (Fall 2) und des Generalstaatsanwalts von Groß-Berlin (Fälle 1, 2 und 3) entnommen. Bei der Nutzung anderer Quellen weisen wir bei den jeweiligen Bildern darauf hin.

Wir danken allen sehr herzlich, die unser Projekt unterstützt haben, namentlich Frau Brandt von der BStU für die Bereitstellung der Akten und Herrn Christian Beyer dafür, dass er uns für die Darstellung des ersten Falls zwei Fotografien zur Verfügung gestellt hat. Die Diplom-Kriminalistin Petra Noack half uns als fachkundige Redakteurin bei der Fertigstellung des Manuskripts, wofür wir uns ebenfalls ganz herzlich bedanken möchten.

In diesem Buch treten wieder fachlich sehr gut ausgebildete Kriminalisten auf, die sich das Ziel gesetzt haben, Straftaten aufzudecken, zu untersuchen und aufzuklären – was letztlich immer heißt, den Täter dingfest zu machen –, die von dem Willen getragen waren, mit einer exzellenten kriminalistischen Denkarbeit die Wahrheit in jedem konkreten Fall festzustellen. Manche der von uns aufgefundenen Dokumente, wie Tatortbefundberichte, Bildanlagekarten, Protokolle und Expertisen, eignen sich noch heute als Lehrbeispiele. Chapeau!

Nicht alle Fragen können wir beantworten. Denn immer, wenn wir uns auf Akten zu verlassen haben, wird es Lücken im Verständnis geben. Müssen wir aber nicht alles verstehen, um abschließen zu können? Peter Høeg schreibt am Ende seines berühmten Romans *Fräulein Smillas Gespür für Schnee:* »Nur was man nicht versteht, kann man abschließen. Die Entscheidung bleibt offen.« Darüber sollten wir nachdenken.

Remo Kroll und Frank-Rainer Schurich

Tod im Friedrichshain

»In der ganzen Geschichte des Menschen ist kein Kapitel unterrichtender für Herz und Geist als die Annalen seiner Verirrungen.« So begann Friedrich Schiller seine berühmte Kriminalerzählung *Der Verbrecher aus verlorener Ehre. Eine wahre Geschichte* über den Mörder und Räuber Christian Wolf. Es war die erste Kriminalnovelle von Weltrang.

Wir lesen heute Berichte von Verbrechen und stellen mit Erstaunen fest, dass die Verirrungen des Menschen kaum thematisiert werden, sondern nur die oftmals verstörenden und grausamen Folgen seines verbrecherischen Handelns. Und wir wundern uns über die Aussage, dass Verbrechen eben zu unserer Kultur gehören, wie jüngst Frauke Hunfeld in der Zeitschrift *Crime* formulierte.

In der DDR hatte man in der Tat eine andere Sichtweise, die Hans-Joachim Kruse in seinem Vorwort zu dem Buch *Wer ist schuld?* wie folgt ausdrückte: »Die Ausbeutergesellschaft, die den Menschen nur als Mittel der Bereicherung betrachtet, musste mit dem Verbrechen leben. Wir hingegen haben in realer ›Beförderung der Humanität‹ ein neues Kapitel im Buche der Menschheit begonnen, in dem sich die Forderung von Marx erfüllt: ›Das höchste Wesen für den Menschen ist der Mensch selbst, folglich muss man alle Beziehungen, alle Bedingungen vernichten, in denen der Mensch ein unterdrücktes, versklavtes, verächtliches Wesen ist.‹«

Wir wollen von einem Menschen und den Annalen seiner Verirrungen erzählen, der in der DDR, genauer gesagt in Ostberlin, an seiner Psychologie komplett gescheitert ist, obwohl er als Wanderer zwischen den Welten nicht mehr als »Mittel der Bereicherung« betrachtet worden war. Und wir wollen, auch nach Schiller, aufzeigen, dass die Öffnung seines »Lasters … vielleicht die Menschheit und – es ist möglich, auch die Gerechtigkeit« unterrichtet.

Walter Steeger, so wollen wir ihn nennen, arbeitete beim VEB Bauhof Pankow und wohnte in einem Vorderhaus in der Pettenkoferstraße im Friedrichshain, einer Straße, die parallel zum S-Bahn-Ring verläuft. Die Straße erhielt 1904 ihren Namen. Benannt wurde sie nach Max von Pettenkofer, einem deutschen Arzt, der unter anderem den Einfluss von Kleidung, Ernährung und Klima auf die Gesundheit des Menschen erforschte und somit die Notwendigkeit einer umfassenden Sozialhygiene erkannte. Im Ergebnis dessen entstand zum Beispiel die Schrift *Über Nahrungsmittel und über den Wert des Fleischextrakts* (2. Auflage 1876), eine seiner fundamentalen Arbeiten. Wir dürfen annehmen, dass Walter Steeger das alles nicht wusste.

Auch über seine Sozialhygiene war nichts bekannt, als er an einem Donnerstag, dem 10. Dezember 1964, in der VP-Inspektion Friedrichshain in einem Zustand völliger Auflösung eine Vermisstenanzeige erstattete. Seine Stieftochter Monika, die seinen Familiennamen angenommen hatte, acht Jahre alt, sei spurlos verschwunden.

Er wurde von einem Wachhabenden, nachdem er den Sachverhalt kurz erläutert hatte, zum Dauerdienst der Kriminalpolizei begleitet. Dort nahm Leutnant der VP Müller die Anzeige unter der Tagebuchnummer 2956/64 entgegen. Nach Beendigung der Protokollaufnahme zeigte die Uhr im Kriminalbüro 23.45 an. Diese stürmische Nacht – der Regen ergoss sich in wahren Kaskaden schräg gegen die Fensterscheiben – passte so gar nicht zur vorweihnachtlichen Zeit, auch nicht zu dem Bericht von Walter Steeger.

Er war 25 Jahre alt, ein kräftiger Kerl, der ein wenig nach Alkohol roch. Ein Bauarbeiter, ein Maurer, wie man ihn sich vorstellen kann. Etwas Weiches in seinen Gesichtszügen ließ ihn auf Leutnant Müller durchaus sympathisch wirken. Dieser hatte auf der VP-Schule gelernt, dass man den Menschen unvoreingenommen gegenübertreten muss und sich in jedem Gesicht ein Zauber verbirgt.

Walter Steeger war sehr aufgeregt, als der Bericht über das Vorgefallene aus ihm heraussprudelte, auch wie eine Kaskade und im Gleichklang mit den Regengüssen. Man sah ihm seine Verzweiflung an, und er stockte, er wiederholte sich, er fragte nach, ob er überhaupt verstanden würde.

»Beruhigen Sie sich«, sagte der Leutnant, »man wird Ihre Stieftochter ganz schnell finden. Die meisten Kinder, die weggelaufen sind, kommen alsbald wieder zu ihren Eltern zurück.«

»Aber Monika ist nicht weggelaufen! Sie ist nie weggelaufen, so etwas macht sie nicht. Wirklich. Da ist bestimmt was Schlimmes passiert.«

»Also, noch einmal von vorn. Was ist dem Verschwinden Ihrer Stieftochter vorausgegangen?«

»Das sagte ich doch schon … So gegen halb sieben schickte meine Frau unsere Tochter zum Schlächter, um etwas Speck zu kaufen. Als Monika die Wohnung verließ, hatte ich mit meiner Frau einen kleinen Streit. Das kommt ja in der besten Ehe vor, oder? Ich war es leid, mich schon wieder wegen irgendetwas entschuldigen zu müssen, zog mir meinen Mantel über und verließ ohne Worte die Wohnung, denn ich wollte etwas frische Luft schnappen. Vorher ein paar Bierchen – das hatte meiner Frau ja überhaupt nicht gepasst. Ich ging zur Bänschstraße, denn in dem Stück zwischen der Pettenkofer und der Voigtstraße ist der Fleischer. Ich dachte mir, wenn du schon mal an der frischen Luft bist, dann kannst du auch gleich mal nachsehen, ob Monika trödelt. Das tut sie nämlich ziemlich häufig.

Ich habe Monika auch getroffen, als sie schon auf dem Rückweg war. Wir gingen noch ein wenig im Karree, wie wir Berliner sagen, und kamen so in die Dolziger Straße. Wir haben uns wirklich nett unterhalten. Ich musste dann mal, und ich wollte in einem Hausflur in der Dolziger Straße, es könnte die Hausnummer 28 gewesen sein, meine Notdurft verrichten.«

»Welcher Hausflur war das genau?«

»Kurz vor der Einmündung in die Eldenaer Straße, auf der rechten Seite, die Nummer weiß ich nicht mehr genau. Es kam jedoch eine Frau ins Haus, und ich wollte mit ihr keine Auseinandersetzung haben. Ich verließ den Hausflur, vor dem Haus wartete Monika, so, wie ich es ihr gesagt hatte.«

Leutnant Müller schüttelte ein wenig den Kopf: »In den

Hausflur pinkeln, das ist aber nicht die feine englische Art.«

Walter Steeger gab zunächst keine Erklärung ab, meinte dann aber kleinlaut: »Nun ja, wenn's drückt. Da kann man halt nichts machen.«

»Und wohin sind Sie dann gegangen?«

»Zum Forckenbeckplatz. Monika fragte, ob das hier der Märchenbrunnen ist, und ich sagte ihr, dass sich der Märchenbrunnen im Friedrichshain befindet. Monika trug den Speck, und ich bat sie noch, meinen Mantelgürtel, der mich störte, zu tragen. Monika war ein gutes und folgsames Kind, und sie tat, worum ich sie gebeten hatte. An der Proskauer Straße steht ein massives Häuschen, vielleicht eine Schaltstation der Bewag. Das weiß ich aber nicht genau. Jedenfalls habe ich Monika angewiesen zu warten, weil ich hinter dem Häuschen zur Parkanlage hin jetzt ... Na, Sie wissen schon. Es hat vielleicht zwei oder drei Minuten gedauert ...«

Walter Steeger hatte sich emotional nun nicht mehr unter Kontrolle; Tränen schossen in seine Augen, und schluchzend erzählte er das Ende der Geschichte. »Monika, Monika, war ... nicht mehr ... da. Ach Gott, das arme Kind.«

»Wissen Sie, wohin sie gegangen sein könnte?«

»Nein, keine Ahnung. Wir kennen uns doch noch gar nicht so richtig aus in dieser Gegend. Wir wohnen erst seit Februar dieses Jahres im Friedrichshain. Wir sind im November 1963 aus Westberlin in den Osten gekommen, weil alle unsere Angehörigen in diesem Teil von Berlin wohnen. Zuvor waren wir im Bezirksheim in Weißensee in der Rennbahnstraße 74–78 untergebracht.«

»Das ist ja eine interessante Geschichte. Woher wissen Sie denn die Hausnummer von der Rennbahnstraße noch so genau?«

»Wir hatten hier viel Bürokratie zu erledigen, und unsere Flüchtlingsadresse mussten wir auf allen Ämtern angeben. Deshalb.«

»Ist Ihre Tochter schon einmal weggelaufen?«

»Nein, noch nie. Wirklich. Sie ist eine gute Schülerin.«

»Welche Schule?«

»Die 11. Oberschule in der Pettenkoferstraße. Sie geht in die zweite Klasse.«

Leutnant Müller wollte noch mehr wissen: »Sie sagten, Sie hätten Verwandte hier im Osten. Welche sind das? Es könnte doch sein, dass Monika zu ihnen gegangen ist.«

»Das kann nicht sein«, wehrte Walter Steeger entschieden ab, »unmöglich. Bei meinem Bruder, der mit seiner Familie am Strausberger Platz wohnt, habe ich schon nachgefragt, dort ist Monika nicht. Meine Schwägerin wohnt in der Oderberger Straße, sie ist Schichtleiterin beim VEB Aktivist. Monika weiß gar nicht, wo das ist. Meine andere Schwägerin wohnt noch weiter weg, in Wilhelmshagen in der Schettkatstraße. Da würde Monika überhaupt nicht hinfinden. Außerdem sind diese Adressen meiner Tochter gar nicht bekannt, glaube ich jedenfalls.«

»Wo haben Sie denn überall gesucht?«

»Na, im Karree. Wir sind wie die Wahnsinnigen durch die Straßen gelaufen und haben immerzu gerufen: ›Monika, Monika, wo bist du?‹ Aber niemand hat uns geantwortet.«

In der *Nachricht über eine vermisste Person vom 10. De-*

zember 1964 der Volkspolizeiinspektion Friedrichshain liest sich das Geschehen des Verschwindens von Monika in der Kurzform so:

Vater ging mit Tochter spazieren und sagte, dass sie warten soll, während er sich ca. 10 m von ihr entfernt in Bln. O 112, Forckenbeckplatz, hinter ein Häuschen stellte, um zu urinieren. Als er nach ca. 2–3 Minuten wieder hinter dem Häuschen vorkam, war das Kind verschwunden.

Selbstverständlich wurde die Personenbeschreibung des vermissten Kindes exakt aufgenommen; nur ein Foto war zu diesem Zeitpunkt noch nicht den Akten beigefügt. In der Rubrik *Mitgeführte Schmucksachen und Gebrauchsgegenstände* war verzeichnet worden: *führte 100 gr. mageren Speck, graubraunen Popelinbindegürtel vom Herrenmantel mit.* So, wie der Stiefvater es ausgesagt hatte.

Monika Steeger war nach der abgegebenen Personenbeschreibung ungefähr 130 Zentimeter groß, hatte dunkelbraune Augen und abstehende Ohren. Als besonderes Kennzeichen wurde eine zwei Zentimeter lange Narbe über dem linken Auge angegeben. Die Beschreibung der Bekleidung war exakt.

So ungefähr könnte sich die Anzeigeerstattung durch Walter Steeger abgespielt haben. Leutnant der VP Müller hatte sich richtig verhalten, auch die richtigen Fragen gestellt, aber leider nicht alles protokolliert.

Als der Oberleutnant der VP Lothar Ottmann vom Kommissariat AK II den Vorgang auf den Tisch bekam, fragte er natürlich nach, ob es Personen gab, die die kleine Monika Steeger hätten an sich bringen, entführen können. Und so schob Leutnant der VP Müller am nächs-

VPI - Friedrichshain
Abt. K., Dauerdienst
(VP-Dienststelle)

Bln. O 34, den 10.12.64 19

Tgb.-Nr.

Nachricht

a) über eine vermißte ~~männliche~~ weibliche Person   b) ~~über eine aufgefundene Leiche männlichen weiblichen Geschlechts~~

Das Nichtzutreffende ist zu durchstreichen!

Bekleidung:
(nähere Angaben über Form, Stoffart und -farbe)

Kopfbedeckung	ohne
Mantel	Kastanienbrauner Wintermantel ohne Gurt, linke Tasche zugenäht
Jacke/Kostüm	rote Strickjacke mit weißer Knopfleiste, rosa Pullover
Weste/Kleid	
Hose/Rock	rotgelb karierter Faltenträgerrock
Unterwäsche	rosa Unterrock, weißes Unterhemd, weiße Schlüpfer
Wäschezeichen	
Oberhemd	
Krawatte	
Hosenträger/Gürtel	
Strümpfe/Strumpfb./Gürtel	blaue Strumpfhosen (Elastik)
Fußbekleidung	hellgraue Schnürhalbschuh, linker Schuh an Zehfalte Loch
Firmenbezeichnung i. d. Kleidern	
Ist Kleidung neu, abgetragen usw.?	gut erhalten
Sonstige Bekleidung	

Mitgeführte Schmucksachen und Gebrauchsgegenstände:

führte 100 gr. mageren Speck, graubraunen Popelinbindegürtel vom Herrenmantel

VP-Dienststelle den   VP-Kreisamt den   BDVP den

Tgb.-Nr.

An das VP-Kreisamt   An die BDVP   An das MdI, Hpt.-Abt. K, KTI

Sachbearb.:
Dienstgrad: Berlin

Angaben zur Bekleidung der Vermissten Monika Steeger
Auszug aus der Nachricht über eine vermisste Person vom 10. Dezember 1964

ten Tag ein Protokoll hinterher, aus dem hervorging, dass die Kindesmutter Michaela Steeger bei der Anzeigenaufnahme zugegen war, jedoch fast gar nichts gesagt hatte, als ihr Mann über das Verschwinden ihrer Tochter berichtete.

Sie gab aber an, dass der Anzeigeerstatter der Stiefvater des Kindes sei und laut Namenswechsel die Vermisste den Namen ihres Mannes erhalten habe. Der richtige Vater sei ein gewisser Herr Beinhauer, der in Westberlin wohne und dort bei der Müllabfuhr arbeite. Sie gab auch an, dass sie über ihre Schwester von der Mutter gehört habe, dass Beinhauer die Absicht hegte, seine leibliche Tochter wieder zu sich nach Westberlin zu holen. Fast drohend-geheimnisvoll wie im Märchen vom *Rumpelstilzchen* soll er gesagt haben: »Wenn heute und morgen nicht, eines Tages hole ich mir das Kind.« Die nicht unwichtige Information, dass sich Beinhauer strikt weigerte, Unterhalt für sein Kind zu zahlen, fügte Michaela Steeger hinzu. Er habe keine Verwandten im sowjetischen Sektor von Berlin und auch seine Tochter noch nie besucht. Und als sie dann fragte, welche Möglichkeiten denn bestünden, ein Kind in den Westen zu entführen, meinte ihr Mann, dass »drüben« schon Subjekte seien, die das fertigbringen würden.

Oberleutnant Ottmann, der die Mittlere Polizeischule in Aschersleben erfolgreich absolviert hatte, dachte lange über den Fall nach, denn das Kind war auch am nächsten Tag nicht aufzufinden. War es schon in Westberlin? Aber wie sollte es dahin gekommen sein? Die Grenzen waren doch seit dem 13. August 1961 dicht.

Nun wollte er wissen, was vor der Vermisstenanzeige in der VPI Friedrichshain passiert war. Es stellte sich heraus, dass sich das Ehepaar Steeger zunächst im VP-Revier 83, in der Proskauer Straße 37/38, gemeldet hatte. Ottmann konnte schnell ermitteln, dass Fredi Kaßler dort zu dieser Zeit seinen Dienst versehen hatte, und zwar vom 10. Dezember 18.30 Uhr bis zum 11. Dezember 7.00 Uhr. Schon um 15.10 Uhr an diesem 11. Dezember saß Fredi Kaßler auf dem Zeugenstuhl in der VPI Friedrichshain,

Abteilung Kriminalpolizei, und sagte aus, dass er die Eltern erst einmal aufgefordert hatte, weiterzusuchen, zum Beispiel auch auf dem nahe gelegenen Weihnachtsmarkt, und sich doch die Suche zu teilen. Er gab ihnen die Telefonnummer des Reviers, damit er verständigt werde, falls die Suche erfolgreich war.

»Welchen Eindruck haben die beiden auf Sie gemacht?«, wollte Ottmann nun wissen.

»Welchen Eindruck haben die beiden gemacht?«, wiederholte Fredi Kaßler. »Nun ja, was soll ich sagen. Die Frau schien bedrückt zu sein, sie war verweint und sprach wenig. Sie warf nur ab und zu Worte ins Gespräch. Es erweckte den Anschein, als ob tatsächlich ein Streit vorausgegangen war. Der Mann führte die Unterhaltung und schien nicht mehr ganz nüchtern zu sein. Sein Verhalten war etwas aufgeregt, die Stimme aber ruhig, so, als wenn er sich fortwährend zur Ruhe zwingen müsste. Er war mit allen meinen Vorschlägen einverstanden, die Frau sagte ja ohnehin nichts.«

»Gab es im Äußeren, in der Bekleidung, am Körper der Eheleute irgendwelche Auffälligkeiten?«

»Nein, keine Verletzungen, nichts. Auch kein Blut, wenn Sie das meinen. Gar nichts.«

Nach einer kleinen Pause fragte Ottmann: »Wie waren die beiden denn bekleidet? Was hatten sie an? Können Sie sich daran noch erinnern?«

»Nun ja, der Kindesvater trug einen braungrauen alten Trenchcoat mit Gurt. Er ist circa 180 Zentimeter groß, hatte keine Kopfbedeckung auf. Obwohl er noch ziemlich jung ist, hat er schon einen leichten Ansatz zur Stirnglatze. Ja, und die Frau, circa 165 Zentimeter groß, aschblondes Haar, nicht sehr modern frisiert. Ich glaube, sie trug einen grauen Wintermantel in Glockenform. – Ach so, eineinhalb Stunden, nachdem sie mich verlassen hatten, rief der Mann an und teilte mir mit, dass ihre Suche ergebnislos verlaufen ist. Dann habe ich ihnen empfohlen, sich sofort in die VPI, Wedekindstraße 10 zu begeben, um eine Vermisstenanzeige aufzugeben.«

Lothar Ottmann besaß nun alle Informationen, die er für eine weitere Versionsbildung benötigte. Er war zufrieden, und dieser Zustand löste wohl bei ihm urplötzlich einen emotionalen Wechsel in der Anrede aus.

»Genosse Kaßler, ich danke dir. Ich schreibe jetzt schnell alles in das Protokoll, dass du dann bitte noch unterzeichnest. Anschließend will ich dich nicht länger aufhalten, schließlich hast du ja frei.«

Die Zeugenvernehmung endete um 16.15 Uhr, Fredi Kaßler unterschrieb seine Aussagen, und er wusste nicht, ob er wirklich zweckdienliche Angaben, wie es im Polizeideutsch heißt, geäußert hatte.

Ottmanns Gedanken verloren sich in der Weite der Möglichkeiten, die das Verschwinden des Kindes irgendwie erklären konnten. Dass das Kind in Westberlin war, konnte natürlich nicht ausgeschlossen werden, auch nicht, dass sich Monika verlaufen hatte oder einfach nur weggelaufen war. Vielleicht wurde sie, als sie am Forckenbeckplatz auf ihren Stiefvater wartete, durch irgendein Ereignis abgelenkt? Übte der nahe gelegene Weihnachtsmarkt eine besondere Faszination auf sie aus? War sie hilflos in eine gefährliche Situation geraten? Oder war sie ermordet worden? Wenn ja, durch wen? Wer käme als Täter in Frage? Und vor allem: Aus welchem Motiv heraus?

Aber ohne eine Leiche gestalteten sich derartige Gedankenspiele schwierig, die bei Ottmann immer mehr zu kreisen anfingen. Irgendwie bewegten sie sich um ein Zentrum herum, in dessen Mitte Walter Steeger stand, leicht alkoholisiert, aber freundlich, ein bisschen halbstark, aber dennoch sympathisch, wie Leutnant Müller es ja empfunden hatte.

Und es stieg in Ottmann der dringende dienstliche Wunsch auf, den Stiefvater des vermissten Kindes selbst zu hören, als Zeugen zu vernehmen, denn all das, was Genosse Müller aufgeschrieben hatte, taugte wegen der fehlenden gesetzlichen Rahmenbedingungen (wie die Belehrung usw.) nicht als Aussage. Der Kriminalist brauchte aber gerichtsverwertbare, handfeste Beweise; zudem könnte er sich selbst ein Bild von Herrn Steeger machen und ihm ein wenig auf den Zahn fühlen.

So bat Ottmann ihn zur Zeugenvernehmung, die noch am Freitag, dem 11. Dezember 1964, um 19.15 Uhr begann.

Walter Steeger saß ziemlich verklemmt auf seinem Stuhl, der vor Ottmanns Schreibtisch in einem schlicht eingerichteten Büro mit vergittertem Fenster stand. In einer Regalwand türmten sich Akten, links stand die Tür zu einem weiteren Raum offen, und Steeger hörte, wie ein anderer Polizist etwas auf einer Schreibmaschine hämmerte und ab und zu hustete. Diese Nebengeräusche nahm der Zeuge dann später überhaupt nicht mehr wahr.

Zu Beginn wurde Walter Steeger darauf hingewiesen, dass er als Zeuge wahrheitsgemäße Aussagen zu machen habe, außer wenn durch die Beantwortung von Fragen, die nun einmal zwangsläufig in einer Vernehmung durch die Kriminalpolizei gestellt werden müssen, die Gefahr einer strafrechtlichen Verfolgung des Zeugen und seiner Angehörigen bestehe. Der Vernommene nickte, zeigte sich kühl und distanziert und fügte seiner Geste nach einer kurzen Pause hinzu: »Ja, das habe ich verstanden. Hier läuft alles auf rechtsstaatlicher Grundlage, denn wir sind ja im demokratischen Berlin.«

Lothar Ottmann fand, dass diese letzte Bemerkung gut in eine Dienstversammlung der Deutschen Volkspolizei passte, aber welche Rolle sie hier in diesem Stück spielen sollte, konnte er nur vermuten.

»Seit wann sind Sie denn verheiratet?«

»Seit dem 25. Oktober 1961. Meine Frau ist vier Jahre älter. Als wir heirateten, brachte sie ein Kind mit in die Ehe. Das ist meine jetzt vermisste Stieftochter Monika. Meiner Kenntnis nach ist der Vater ein gewisser Arthur Beinhauer, der in Westberlin am Vinetaplatz wohnt. Das ist am Gesundbrunnen.«

»Woher wissen Sie denn, dass der Vinetaplatz am Gesundbrunnen liegt?«

»Ich hatte dem Kollegen ja schon gesagt, dass wir bis November 1963 in Westberlin in der Swinemünder Straße gewohnt haben. Dann kamen wir in die Hauptstadt der DDR, ich als Rückkehrer und meine Frau als Neuzuziehende. Wir waren zuerst im Aufnahmeheim Blankenfelde und anschließend im Bezirkswohnheim Rennbahnstraße. Seit dem 25. Februar haben wir jetzt diese Wohnung in der Pettenkoferstraße im Friedrichshain.«

»Haben Sie auch gemeinsame Kinder?«

»Ja, drei. Zwei sind leider verstorben. Andrea, im März 1962 geboren, verstarb zu Hause, an einer akuten Darm- und Mageninfektion; Michael, im Februar 1964 geboren, starb auch zu Hause an Speisebreiaspiration. So ist uns leider nur Christoph übriggeblieben, der jetzt fast zwei Jahre alt ist.«

Lothar Ottmann stutzte. Was ist denn bloß in dieser Familie passiert? Er hatte einmal in einer Zeitung gelesen, dass alles Unglück dieser Welt daher rührt, dass die Menschen nicht in ihren Wohnungen blieben. Das war vielleicht ein wirklich kluger Gedanke, aber unter dem Maßstab dessen, was der Zeuge Steeger jetzt berichtete, wird diese Aussage dadurch, dass die Kleinen die Wohnung gar nicht verlassen haben, ad acta gelegt.

»Das tut mir aber sehr leid«, meinte Ottmann etwas gerührt. »Aber, um zu einem anderen Thema zu kommen, welcher Beschäftigung gehen Sie zurzeit nach?«

»Seit Oktober 1964 beim VEB Bauhof in Pankow. Davor war ich Maschinenarbeiter im BMHW in Niederschöneweide, das sind die VEB Berliner Metallhütten- und Halbzeugwerke. Jetzt bin ich aber arbeitsunfähig geschrieben, da ich seit längerer Zeit starke Kopfschmerzen habe. Meine Frau arbeitet nicht, sie ist Hausfrau.«

»Wie ist denn Ihr Verhältnis zu Ihrer Stieftochter? Was ist das für ein Kind? Besteht die Möglichkeit, dass sie mit einer fremden Person mitgegangen ist?«

»Sie hört einfach nicht. Sie ist verspielt und bummelt

viel herum, wenn sie zum Beispiel von meiner Frau zum Einholen geschickt wird. In der Schule gibt's ebenfalls Schwierigkeiten. Auch dort kommt sie zu spät, obwohl sie pünktlich die Wohnung verlassen hatte. In der Schule hat sie in der letzten Zeit den Unterricht gestört. Ich kann aber sagen, dass sich Monika nie, wie es jetzt der Fall ist, umhergetrieben hat. Ab Mittwoch dieser Woche hatte ich sie in der Schule entschuldigt, da sie Durchfall mit Erbrechen und Bauchschmerzen hatte. Beim Arzt waren wir aber nicht, denn so etwas ging bei ihr immer schnell von alleine weg. Und was wollten Sie noch wissen?«

»Geht sie mit fremden Personen mit?«

»Soweit ich die Monika einschätze, geht sie nur mit Personen mit, die ihr irgendwie bekannt sind. Ich glaube kaum, dass sie mit fremden Leuten mitgehen würde, mit solchen, die sie einfach auf der Straße angesprochen haben. – Ach so, der Genosse im Revier hatte ja gesagt, dass es gut wäre, wenn ich ein Bild von Monika mitnehmen würde.«

Walter Steeger kramte reichlich umständlich in seiner Manteltasche, fand dann endlich das Bild und überreichte es dem Kriminalisten. Es steckte sogar in einem Briefumschlag.

Dann schilderte er den Ablauf des gestrigen Tages, als seine Stieftochter Monika verschwand. Für den Kriminalisten war neu, dass sich die Familie, also die Eltern und die beiden Kinder, bis 14.30 Uhr in der Wohnung aufgehalten hatte. Um diese Zeit verließ Walter Steeger die Wohnung mit einem Kohlensack unter dem Arm, weil er Braunkohlenbriketts holen wollte. Abweichend davon suchte er jedoch die Gaststätte *Zum Bären* auf, da er Appetit auf ein Bier verspürte. Bis circa 17.30 Uhr trank er acht helle Bier. Weiteren Alkohol nahm er nicht zu sich, denn er sei kein Schnapstrinker. Was er nicht wusste: Seine Frau hatte Monika zweimal geschickt, um zu sehen, wo er war, und sie konnte zweimal stolz berichten, dass er in der Gaststätte (immer noch) Bier trinkt. Ob des vielen Alkohols trotz Krankschreibung vergaß er die Braunkohlenbriketts und sogar den Kohlensack in der Kneipe – er behauptete sogar, keine Kohlen mehr bekommen zu haben, was zu einer heftigen Auseinandersetzung mit seiner Frau führte. Sie hatten »einen kleinen Ehekrach, ohne dass es zu Tätlichkeiten kam«.

Neu war auch die Information, dass der Zeuge, nachdem er Monika am Forckenbeckplatz partout nicht finden konnte, die Eldenaer Straße entlangging und so auf verschlungenen Wegen zur Karl-Marx-Allee kam. Plötzlich stand er vor dem berühmten Café *Warschau*; wie er dort genau hingekommen war, wusste Walter Steeger nicht mehr. Er lief wie in Trance und fuhr dann mit einem der am nahe gelegenen Halteplatz wartenden Taxis der Marke *Moskwitsch* nach Hause, denn er nahm an, dass Monika inzwischen dort wieder eingetroffen war. Die Fahrt in die Pettenkoferstraße kostete 3,50 MDN (Mark der Deutschen Notenbank, wie die DDR-Währung zu diesem Zeitpunkt hieß). Dem Fahrer gab er 50 Pfennige Trinkgeld. Gegen 19.30 Uhr war er dann wieder in seiner Wohnung, aber er fand das Kind nicht vor.

Die Vorgeschichte ist dem Leser bereits bekannt: Michaela Steeger hatte beabsichtigt, Eier zu braten, und

Monika in die HO-Schlächterei in der Bänschstraße geschickt, um dort etwas Speck einzukaufen …

Die Zeugenvernehmung endete um 21.35 Uhr. Laut Protokoll. Lothar Ottmann wünschte Walter Steeger noch einen guten Nachhauseweg und geleitete ihn zur Tür. Der Kriminalist empfand das Lächeln des Zeugen in diesem Moment als zynisch.

»Ach so«, fiel dem Kriminalisten scheinbar beiläufig noch ein, »ich wollte noch fragen: Haben Sie Ihre Stieftochter umgebracht?«

Die nun entstandene Situation beherrschte der Zeuge nicht mehr. Er holte sein Taschentuch hervor, rieb sich die schweißnasse Stirn und betupfte sich den Mund. Sein Lächeln hatte diese Ottmannsche Attacke zwar überstanden, wirkte aber nun völlig schief. Steegers Fäuste zitterten. Er schleuderte Ottmann seine verbalen Aggressionen wuchtig entgegen und konnte nur durch das beherzte Eingreifen des zweiten Kriminalisten, der im Nebenraum nicht nur gearbeitet, sondern auf seinen Einsatz gewartet hatte und auf diesen Wutausbruch taktisch schon vorbereitet war, einigermaßen beruhigt werden.

»Was fällt Ihnen ein, so etwas zu behaupten! Das ist ja eine Unverschämtheit! Ich vermisse meine geliebte Tochter, und Sie unterstellen mir einen Mord. Das wird ein Nachspiel haben, glauben Sie mir das! Sie waren hier die letzte Zeit Oberkommissar!«

Oberleutnant bitte, Oberleutnant der Deutschen Volkspolizei! Diese Worte lagen Lothar Ottmann quasi schon auf den Lippen, aber er beherrschte sich. Denn er wollte den Konflikt nicht weiter schüren.

Walter Steeger warf die Bürotür hinter sich zu und eilte den langen Korridor entlang in Richtung Ausgang. Die Kriminalisten hinderten ihn nicht, die VPI Friedrichshain in Richtung Freiheit zu verlassen.

»Solange wir die Leiche nicht gefunden haben, wenn's denn eine gibt und das Kind nicht schon in Westberlin oder Westdeutschland ist, haben wir ja ziemlich wenig in der Hand«, sagte Lothar Ottmann zu seinem Kollegen Leutnant Thomas Wieke, dem Retter aus dem Nachbarbüro, der sich blendend in historischen Kriminalfällen auskannte.

»Das stimmt«, entgegnete Wieke und nahm eine grüblerische Haltung ein. »Hast du Zeit? Ich meine, Steeger ist ja jetzt weg. Also, gestern habe ich die folgende Geschichte gelesen. Die sollte uns belehren und bekehren.«

Wieke kramte aus seiner Aktentasche einen alten Zeitungsartikel heraus und las vor …

… Als der berühmte Hans Groß, der Altmeister der Kriminalistik, der 1915 starb, noch Erhebungsrichter in einem kleinen oststeierischen Städtchen war, meldete man ihm eines Tages einen grausigen Fund. Im Brauhausgarten sollte ein großer verendeter Bernhardiner eingescharrt werden, und als die Grube ausgehoben worden war, kam ein vollständiges menschliches Skelett zum Vorschein. Alle wussten augenblicklich, wessen Gebeine dort so lange ruhten. Denn den Viehhändler Kreuzmüller vermisste man schon seit einigen Jahren, und es hielt sich hartnäckig das Gerücht, dass ein gewisser »Sauschneider« (ein herumziehender Schweinekastrierer) namens Rattinger den Verschollenen gemeuchelt hatte, was Kreuzmüllers Verschwinden hinreichend erklären konnte. Denn wie überall auf der Welt brauchten die anständigen Kleinbürger dieser kleinen Sauberstadt für alles ein abschließendes Urteil. Mehrdeutigkeit und Fragen waren ihnen ein Gräuel. »Der Rattinger ist ein Mörder«, raunten sich die Leute zu, »und die Leiche wird man eines Tages schon finden.«

Dem vermeintlichen Mörder war der Mord bislang nicht zu beweisen gewesen – weil die Leiche gefehlt hatte. Aber nun war sie ja vorhanden! Der Stadtsheriff fuhr nach Auffinden des Skeletts vom Brauhausgarten einen geharnischten Ersten Angriff, wie es in der Polizeisprache heißt, gegen Rattinger und schlug mit aller staatlichen Autorität zu. Aber trotz dieser Attacken war der Verdächtige außerordentlich unwillig, ein Geständnis abzulegen.

Hans Groß indes hielt den einzigen Polizeimann des Städtchens zurück und rief den Gerichtsarzt, der zu dem Schluss kam: »Den Mörder erwischt ihr gewiss wieder einmal nicht; denn der Ermordete liegt hier, seitdem die Hunnen in unsere Lande eingefallen waren, das ist auch ein alter Hunne.« Enttäuscht trabte der Polizist wieder in seine Beamtenstube und fuhr den Ersten Angriff zurück.

Groß aber schickte den Schädel an den berühmten Anatomen Hyrtl, den Lehrer des Mediziners, für seine Schädelsammlung. Und Hyrtl schrieb zurück: »Es freut mich, dass mein Schüler bei mir etwas gelernt hat, es ist wirklich der Schädel eines vor vielleicht 1000 Jahren verstorbenen Mongolen; er ist mit einem spitzen Werkzeug erschlagen worden, aber euer Rattinger ist an dessen Tod zuverlässig unschuldig.«

Wie wird man aber nun Altmeister der Kriminalistik? Eine wichtige Voraussetzung scheint zu sein, einen guten Lehrmeister zu haben. Und Hans Groß hatte einen! Erst eine Woche als Grünschnabel in der Praxis, bekam sein Untersuchungsrichter, Landgerichtsrat von Andrioli, einen seltsamen Fall zugeteilt. Der wohlhabende, alleinlebende Pankraz L. war von seiner Brettersäge, einige Meilen nördlich von Graz gelegen, spurlos verschwunden. Man suchte und suchte, fand ihn aber nirgendwo. Was man fand, waren aber höchst verdächtige Umstände. Kurz vor dem Abtauchen des Sägemeisters gab es einen heftigen Streit mit dem Bauernknecht Josef W. um ein reizendes Mädchen. So war die Erklärung für Pankraz' Abhandenkommen einfach: Beim Streit hatte Josef W. den Widersacher erschlagen, und er bekam in seine Kammer auf seinen bescheidenen Tisch eine Mordanzeige.

Die Verhöre waren für ihn qualvoll und nahmen kein Ende. Er stritt ab, den Mord begangen zu haben, verteidigte sich allerdings nicht sehr geschickt. Er widersprach sich mehrfach und leugnete zweifellose Tatsachen. Den Streit mit Pankraz leugnete er dagegen nicht, erklärte aber, dass der Streit glimpflich ausgegangen sei: Man habe sich bei gegenseitiger guter Gesundheit getrennt.

Herr von Andrioli – Hans Groß war entsetzt! – ließ Josef W. daraufhin laufen. Später erklärte der hohe und weise Rat: »Kein Mörder kann zum Tode verurteilt werden, solange die Leiche des Ermordeten nicht gefunden und untersucht worden ist. Alles psychologisch zusammengefasst, können wir nicht sagen, dass W. den L. umgebracht haben *muss*.«

Der Landgerichtsrat sollte recht behalten. Einige Wochen später meldete sich Pankraz L. bei Groß, der immer noch bei Herrn von Andrioli praktizierte. Dem Brettersägemeister war zu Ohren gekommen, dass er gerüchteweise von Josef W. ermordet worden sein soll, und nun wolle er leibhaftig und somit überzeugend mitteilen, dass er wirklich noch lebe und sein Widersacher Josef völlig unschuldig sei. Des Rätsels Lösung: Pankraz L. hatte sich längere Zeit bei Verwandten in Ungarn aufgehalten, um einige Geldfragen zu regeln, ohne einem Menschen Bescheid zu geben!

Ende gut, alles gut, könnte man hier denken, die vermeintliche Leiche lebte und klärte den Kriminalfall vollständig auf.

Parallel zu Walter Steeger wurde auch seine Frau Michaela auf der VPI Friedrichshain vernommen. Neu war für die Kriminalisten der Grund der Übersiedlung in den Osten. Ihre finanzielle Lage wäre in Westberlin nicht gut gewesen, und sie glaubten, in der Hauptstadt der DDR »schneller vorwärtszukommen«. Und Michaela Steeger sagte aus, dass sie eine gute Ehe führen. Wörtlich heißt es im Protokoll: »Obwohl meine Tochter Monika ja nicht das Kind meines Mannes ist, betrachtet er das Mädchen ebenfalls als sein Kind und lässt es in keiner Weise fühlen, dass er nicht der Vater ist. Monika hängt auch sehr an meinem Mann … Ich möchte noch erwähnen, dass Monika Angst hat, durch dunkle, schlechtbeleuchtete Straßen zu gehen.«

Auch der Mantelgürtel spielte in ihrer Aussage eine

Rolle: »Als mein Mann seine Notdurft verrichten wollte, hatte er den Gürtel seines Mantels abgenommen und ihn dem Mädchen über die Schulter gehängt. Wo das passierte, kann ich allerdings nicht sagen, weil wir darüber nicht gesprochen haben.«

Peter Joseph Lenné war ein großer Gartengestalter. Sein Plan der »Schmuck- und Grenzzüge der Residenz Berlin« von 1840 enthielt schon die Idee, einen Park außerhalb der Stadtmauer zwischen dem Königstor und dem Landsberger Tor zu errichten, sozusagen ein östliches Gegenstück zum Berliner Tiergarten. Der in den Jahren 1846 bis 1848 angelegte Park blieb bis zum Zweiten Weltkrieg nahezu unverändert. Im Parkgelände wurde während des Krieges der Gefechtsbunker Friedrichshain, eine der größten Festungen des Deutschen Reiches, errichtet. Bis zu 40.000 Menschen fanden in dem freistehenden Gebäude Schutz vor Luftangriffen. Auf dem Dach der Festung entstanden zwei Türme für Fliegerabwehrkanonen (Flak), die starken Luftangriffen ausgesetzt waren. Dadurch wurde fast der ganze Baumbestand vernichtet. Der Wiederaufbau nach 1945 erfolgte unter Einbeziehung von zwei Trümmerbergen, die die Namen Großer und Kleiner Bunkerberg erhielten. Nach Sprengung der Flaktürme und der Bunker, deren Reste zum Teil noch erkennbar sind, schüttete man rund zwei Millionen Kubikmeter Trümmer auf.

Am 30. Mai 1946 wurde der kleine Bunker im Friedrichshain gesprengt. Der zweite Versuch gegen 18.20 Uhr, mit dem hauptsächlich Kriegsgerät vernichtet werden sollte, hatte eine ungeahnte Wirkung: Eine Granate, die sich noch im Geschützrohr befand, wurde bis zur Straße am Friedrichshain geschleudert, wo sie explodierte und sieben Menschen verletzte.

Das alles muss man nicht unbedingt wissen, wenn man als Spaziergänger die friedliche Stille des Parks genießt. Auch das Nachfolgende nicht:

Heinz Nienke kam am Morgen des 11. Dezember 1964, an eben diesem Freitag, gegen 8.30 Uhr nach Hause. Er war Feuerwehrmann, arbeitete auf der Feuerwache in Berlin-Mitte und wohnte in der Friedenstraße. Vom Wohnzimmer aus konnte er direkt in den Park sehen, in den Friedrichshain. Heinz Nienke empfand das als eine bevorzugte Wohnlage, zumal sich die Wohnungssituation in der DDR noch ziemlich dramatisch gestaltete. Er hatte zwei kleine Zimmer, eine noch kleinere Küche, eine Innentoilette – und einen großen Schäferhund, den er Harras nannte. Eine Beziehung zu einer Frau ergab sich bislang für ihn nicht, obwohl er schon 35 Jahre alt war.

Nach dem Dienst ging er auch an diesem Tag sofort, wie üblich, mit dem Hund in den Friedrichshain, damit dieser seinen Auslauf bekam. Sein Weg führte ihn zum Kleinen Bunkerberg, und weil dort keine anderen Parkbesucher zu sehen waren, ließ er Harras von der Leine. Anfangs lief der Schäferhund in Nienkes Nähe hin und her, dann jagte er den Wildkaninchen nach, so dass er mehrfach zurückgepfiffen werden musste.

Etwa kurz nach 9 Uhr befand sich Heinz Nienke mit seinem Hund oberhalb des Weges am Kleinen Bunkerberg, auf der südlichen Seite. Plötzlich war Harras im Gebüsch verschwunden. Er bellte laut, und weil auch Kinderstimmen zu vernehmen waren, dachte Heinz Nienke, dass sich sein Hund mit den Kindern »beschäftigte«, was natürlich zu unterbinden war.

Der Weg, auf dem sich Heinz Nienke befand, als sein Hund im Gebüsch verbellte. *Aus der Fotodokumentation zur Tatortarbeit*

Ansicht des Weges im September 2015

Vom Gebüsch tunnelartig überdachter Trampelpfad hangabwärts zum Fundort der Leiche. *Aus der Fotodokumentation zur Tatortarbeit*

Heutiger Blick vom oberen zum unteren Weg. In Richtung des Taxus unten rechts befand sich der Trampelpfad.
Foto: Christian Beyer (18. November 2015)

Der Feuerwehrmann, in Sorge, dass vielleicht etwas passieren könnte, lief in das Gebüsch, aus dem das Gebell kam, von dem oberen Weg in Richtung des unteren Weges am Kleinen Bunkerberg, der von der Freilichtbühne zur Virchowstraße führt. Nachdem er ungefähr zehn bis zwölf Meter die Terrassen heruntergelaufen war, sah er seinen Hund, der auf einer Terrasse stand und aufgeregt bellte. Auf der Terrasse darunter lag – die Leiche eines Kindes.

Als Heinz Nienke etwas geschockt verharrte und versuchte, Harras zu beruhigen, bemerkte er sechs oder sieben Jungen im Alter von 13 bis 14 Jahren, die über die Terrassen durch das Gebüsch auf ihn zukamen. Auch sie erblickten die Leiche und erstarrten. Und sie sahen Nienke mit Schrecken an, denn für einen Moment dachten einige von ihnen, dass er der Mörder sei. Sie wollten fliehen, aber sie wurden per Befehl zurückgepfiffen. Dann fragte Nienke noch, wie spät es sei, denn er hatte keine Uhr dabei. Einer der Jungen antwortete: »9.10 Uhr.« Und er fügte mutig hinzu: »Es muss sofort die Polizei gerufen werden!«

»Ich bin die Polizei«, sagte Nienke. »In welche Schule geht ihr? Ihr wisst schon, wegen der Zeugenaussagen.«

Alle Kinder, die weisungsgemäß den Fundort verließen, gingen in die 7. Klasse der 35. Oberschule.

»Und nun verschwindet von hier«, sagte Nienke in einem freundlichen Ton. Er leinte seinen Hund an, ging zum oberen Weg zurück und traf die Jungen wieder, die dort warteten und sich aufgeregt unterhielten. Er bat sie, hier stehen zu bleiben und Wache zu halten, damit keine weitere Person das Gebüsch betreten konnte. Das taten sie dann auch.

Heinz Nienke alarmierte die Volkspolizei, brachte Harras in die Wohnung zurück und eilte wieder zum Kleinen Bunkerberg. An der besagten Stelle traf nach kurzer Zeit ein Funkstreifenwagen ein.

Die Fundsituation der Leiche. Bei dem Fundort handelt es sich um einen vom Gebüsch überdachten terrassenförmigen Hangvorsprung. *Aus der Fotodokumentation zur Tatortarbeit*

Gegen 22.30 Uhr verließen Lothar Ottmann und Thomas Wieke die VPI Friedrichshain und gingen auf ihrem Heimweg in Richtung Karl-Marx-Allee zum U-Bahnhof Marchlewskistraße (heute Weberwiese), um mit der U-Bahn nach Hause zu fahren und nach einem langen Arbeitstag endlich ein wenig schlafen zu können. Der Dezemberwind wehte durch die Straßen, und es lag Schnee in der Luft. Aber müde waren die beiden nicht. Der Fall beschäftigte sie weiter.

Der sachkundige Leser dieses Berichts wird schon erahnen, welche Versionen die beiden diskutierten. War Walter Steeger wirklich der Täter? Zumindest hatte er sich verdächtig verhalten, gar nicht einmal durch sein Auftreten, seine Gestik und Mimik, seine Erscheinung, seinen insgesamt glaubhaften Bericht über das Verschwinden seiner Stieftochter. Es waren einige Details, die die Aufmerksamkeit der Kriminalisten auf sich zogen.

»Die Sache mit dem Mantelgürtel ist unverständlich und passt so gar nicht zu einem Vater, dem die Tochter abhandengekommen ist«, sagte Ottmann. »Die Kleine hatte Speck gekauft, 100 Gramm. Und sie sollte dann noch den Mantelgürtel tragen, der störte. Das ist doch außerhalb jeglicher Realität. Es kann ja schon sein, dass der Gürtel irgendwie stört, aber dann lasse ich ihn doch gleich zu Hause oder stecke ihn in die Manteltasche. Wieso soll ein Kind plötzlich neben dem Speck, eingewickelt in das übliche Fettpapier und in braunrotes Packpapier, noch den Gürtel des Stiefvaters tragen? Das ist doch eine unglaubwürdige Geschichte.«

»Das kann schon sein, aber theoretisch können solche Dinge auch einmal passieren, und wenn es das erste Mal auf der ganzen Welt ist, dass ein Kind einen Mantelgürtel tragen muss.«

Am Hochhaus an der Weberwiese, das als erster Bau und Auftakt des Nationalen Aufbauprogramms (NAW) der DDR in den Jahren 1951 und 1952 errichtet worden war, blieben sie stehen.

Lothar Ottmann, vielseitig interessiert, auch ein Kenner der Berliner Stadtgeschichte, fasste Wieke vertrauensvoll an die Schulter: »Kann sein, kann nicht sein. Aber sieh mal, die Weberwiese war ursprünglich eine von hier ansässigen Webern als Rasenbleiche genutzte Wiese. Sie haben also ihre Stoffe hier ausgebreitet, auf einer großen Fläche. Auch wir müssen den Fall ausbreiten, die Fakten bleichen lassen, heller werden lassen, damit wir besser erkennen können, was unter der ersten Schicht liegt. Das Wesentliche. Das Beweiskräftige. – Mir ist noch etwas aufgefallen.«

»Was denn? Und los, wir gehen weiter, sonst frieren wir hier noch an. Die Weberwiese als solche gibt es ja auch nicht mehr.«

Sie schlenderten weiter, und Ottmann, auch ein exzellenter Kenner der Sherlock-Holmes-Geschichten, setzte sein Gedankenspiel fort: »Ich habe noch keine richtigen Prämissen. Ich weiß, es ist ein schwerer Fehler, ohne Prämissen zu theoretisieren. Unmerklich fängt man dann an, sich die Tatsachen zurechtzubiegen, sie den Theorien anzupassen, statt die Theorien nach den Tatsachen zu bilden. Das hatte Sherlock Holmes mal in einer Geschichte so oder so ähnlich gesagt, ich glaube, sie heißt *Ein Skandal in Böhmen.*«

Jetzt stoppte Thomas Wieke: »Das sind für mich nur böhmische Dörfer. Was meinst du damit?«

Sie gingen weiter. »Wir sehen und hören, aber wir beobachten nicht immer. Aber darauf kommt es doch an, oder? Der Genosse Kaßler hatte ausgesagt, dass der Kindesvater einen braungrauen alten Trenchcoat mit Gurt trug. War das ein anderer Mantel? Warum taucht in seiner Aussage nun gerade wieder ein Gürtel auf, sonst kaum eine andere Beschreibung seiner Bekleidung. Und der Mantel, den Walter Steeger trug, als er eben zur Zeugenvernehmung war, hatte keinen Gürtel. Oder Gurt.«

»Und was sagt uns das nun?« Wieke wusste schon, dass Ottmann ein vielseitig interessierter Kriminalist war, der sich auch in weltanschaulichen, religiösen und übersinnlichen Dingen auskannte. Das Religiöse und Okkulte war nun nicht gerade Gegenstand der offiziellen Fachgespräche bei der Kriminalpolizei in der DDR, wie man sich denken kann, aber seinen unmittelbaren Kollegen und Freunden teilte er schon diese oder jene wundersame Erscheinung mit und versuchte, vernünftige Erklärungen dafür zu finden.

»Das sagt uns: Entweder ist das Kind wirklich mit dem Speck und dem Gürtel verschwunden, und wir wissen nicht, wohin, oder … Walter Steeger hat seine Stieftochter mit dem Gürtel erdrosselt.«

Thomas Wieke äußerte Laute des Erstaunens. »Oh, das ist aber eine sehr kühne Theorie, meinst du nicht auch? Etwas weit hergeholt, und ein wenig an den Fakten vorbei. Du weißt, wir haben ja noch gar keine Leiche. Für mich war eher das Anbiedern, das Gerede vom Rechtsstaat und von der demokratischen Polizei im demokratischen Berlin auffällig.«

Sie hatten den U-Bahnhof erreicht. Wieke nahm die Bahn in Richtung Lichtenberg, die gleich einfuhr, Ottmann musste zum Alexanderplatz und noch etwa fünfzehn Minuten warten. Sie gingen spät zu Bett – und mussten früh wieder heraus, aber das ahnten sie noch nicht. Sie schliefen ein mit den Worten ihres Vorgesetzten im Ohr, dass sie morgen etwas später kommen könnten … Rein theoretisch.

Der Hund, der die Spur des Mörders im Friedrichshain verfolgen sollte, hieß Boja, und er hatte die polizeiliche Mitarbeiternummer 4962. Sein Fährtenhundeführer, VP-Meister Butze, wurde von der VPI Köpenick, Abteilung Kriminalpolizei, Kommissariat Kriminaltechnik, am 11. Dezember 1964 um 11 Uhr benachrichtigt; er machte sich mit Boja sofort auf den Weg und traf schon um 11.30 Uhr am Fundort ein. Das Wetter war günstig für die Fährtenhundearbeit: neun Grad Lufttemperatur, trockenes Wetter und leichter Bodenfrost, auch die anderen Bedingungen standen einer erfolgreichen Suche nicht entgegen. Im am 12. Dezember 1964 erstellten *Bericht über den Einsatz des Fährtenhundes* formulierte VP-Meister Butze das so:

Die Bodenverhältnisse der weiteren Umgebung des Ereignisortes entsprachen der Anforderung eines Fährtenhundes. Fährte war normalen Witterungsverhältnissen ausgesetzt.

Der Ansatz des Hundes erfolgte im Strauchwerk des Kleinen Bunkerberges (Fundort der Kindesleiche). Bodenverletzungen, Schleifspuren oder andere Merkmale konnten auf den dortigen Bodenverhältnissen (mit Laub bedeckter Boden) nicht festgestellt werden, wonach eine genaue Einweisung des Fährtenhundes erfolgen konnte. Der Hund beroch die Bodenbeschaffenheit in unmittelbarer Nähe der aufgefundenen Kindesleiche sehr intensiv, vergewisserte sich nach allen Seiten und verfolgte darauf eine Fährte, welche durch das Strauchwerk des Kleinen Bunkerberges in Richtung des Hauptweges am Krankenhaus Friedrichshain führte. In Höhe des Weges bog er sofort nach links ein und suchte entlang des Mauerwerkes der Straße am Krankenhaus bis zur nächsten Wegegablung weiter, hier vergewisserte er sich wiederum, pendelte stark umher und setzte darauf die Suche bis zum Werneuchener Weg weiter fort. An dieser Wegegablung gelangte der Hund zu einer Gruppe von Kindergartenkindern, welche sich dort beschäftigten und im Sand spielten. Trotz Unterstützung war der Hund an dieser Stelle nicht zum Weitersuchen zu bewegen. Nach mehrmaliger Vergewisserung und starkem Umherpendeln legte er sich durch »Platz« ab. Eine Geruchsdifferenzierung des Hundes war durch die stark verursachten Verleiter der spielenden Kinder nicht mehr gegeben. Weitere Ansatzmöglichkeiten außerhalb der Verleiterzone konnten nicht festgestellt werden. Die Fährtenarbeit musste an dieser Stelle eingestellt werden.

Nun überschlugen sich die Ereignisse und Maßnahmen, wie es im Polizeideutsch heute immer noch heißt. Am gleichen Tag, also am 11. Dezember 1964, fertigte Leutnant der VP Nobst von der Morduntersuchungskommission (MUK) des Präsidiums der Volkspolizei (PdVP) Berlin eine Notiz an mit dem Titel *Absuchen des Volksparkes Friedrichshain und des Forckenbeckplatzes*:

Auf Anweisung des Leiters der MUK wurde durch Einsatzkräfte, die Schnellkommandos Prenzlauer Berg und Lichtenberg, die gesamte Umgebung des Fundortes nach

Spuren und Gegenständen, die mit der Tat in Zusammenhang stehen können, insbesondere nach dem Mantelgürtel des St. und nach dem Speck der M., abgesucht. Im Zuge der Suche wurde durch die Abtl. Feuerwehr auch eine Durchsuchung der beiden Teiche im Volkspark vorgenommen. Die Durchsuchung verlief ohne Erfolg.

Weiterhin wurde durch Einsatzkräfte und das Schnellkommando Lichtenberg der Forckenbeckplatz durchsucht nach den gleichen Gegenständen. Diese Durchsuchung verlief ebenfalls ohne Erfolg.

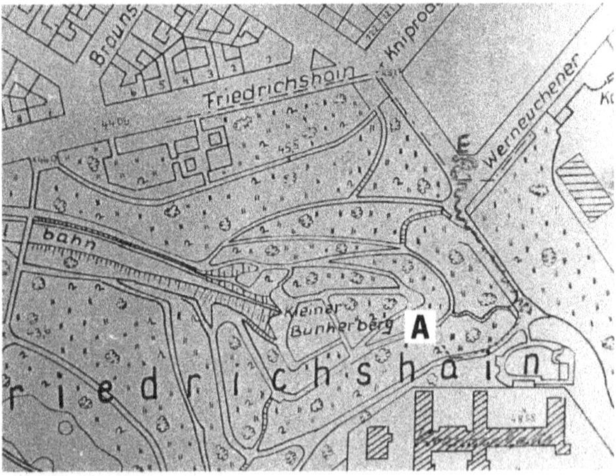

Der Weg des Fährtenhundes – A ist der Fundort der Leiche und der Fährtenansatz, E das Fährtenende. *Bericht über den Einsatz des Fährtenhundes vom 12. Dezember 1964*

Die Tatortarbeit wurde durch die Morduntersuchungskommission der Abteilung Kriminalpolizei im PdVP Berlin durchgeführt, die der Hauptmann der VP Hans

Zlab leitete. Seine Mitarbeiter waren Oberleutnant der VP Heinz Kraft als Sachbearbeiter und Unterleutnant der VP Teschke als Kriminaltechniker.

Die MUK traf um 9.50 Uhr am Fundort im Volkspark Friedrichshain ein. Allerdings war der Kripochef von Ostberlin, Oberst der VP Messner, ihnen ein paar Minuten voraus, denn sie trafen ihn am Ereignisort schon an. Auch Kriminalisten aus Friedrichshain waren bereits anwesend.

Im weiteren Verlauf erschienen dann Staatsanwalt Miltz von der Generalstaatsanwaltschaft Groß-Berlin, ein MfS-Verbindungsoffizier im PdVP Berlin sowie die Gerichtsmediziner Dr. Radam und Dr. Bundschuh vom Institut für gerichtliche Medizin der Humboldt-Universität zu Berlin. Die Tatortuntersuchung wurde nach Beendigung des Fährtenhundeeinsatzes gegen 12 Uhr begonnen.

Im *Tatortbefundbericht* vom 11. Dezember 1964, gefertigt von Oberleutnant der VP Kraft, gibt es interessante Feststellungen: Das Busch- und Strauchwerk ragte etwa in einer Höhe von 80 Zentimetern über die Leiche hinaus. Hier fanden sich frisch abgebrochene Zweige, die teilweise auf dem Erdboden und auf dem Körper der Leiche lagen.

Die linke Gesichtsseite des Kindes sowie der Bereich der Kinnspitze waren in dünner Schicht blutverschmiert, ferner ließen sich an der Haut der linken Gesichtshälfte sandartige Auflagerungen mit kleinsten Laubpartikelchen erkennen. Von der linken Nasenöffnung führte eine Blutabrinnspur nach links über die linke Wange.

Und weiter heißt es im Bericht: *Annähernd auf Mitte, zwischen Unterlippe und Kinnspitze, stellt sich ein streifenförmiger, nicht sehr scharf begrenzter Bezirk dar. Dieser verläuft in Mittellinie horizontal, um nach rechts und links jeweils abwärts zu ziehen, so dass beiderseits etwa die Mitte der Unterkieferkante überquert wird und der Streifen auf den Hals zuzieht. Unterhalb der Kinnspitze findet sich am Hals eine ca. 8 mm breite querverlaufende Hautvertrocknung. Links davon eine weitere etwa 2,5 cm breite verlaufende Vertrocknungszone, die sich etwas schmaler werdend bis in die Nackengegend hinzieht und von dort weiter nach rechts herum bis zur vorderen Halsseite verläuft. Die beschriebene Hautvertrocknung verläuft in annähernd horizontaler Ebene unmittelbar unterhalb der Kieferwinkel zirkulär um den Hals.*

Die Hände weisen keinerlei Abwehrverletzungen auf. Beide Handflächen lassen starke Erdbeschmutzungen erkennen.

Die Tote ist mit einem rotbraunen Wintermantel mit Stehkragen, einem rot-weiß-grün-karierten Trägerrock, einem lachsfarbenen Pullover, einer blaufarbenen Strumpfhose, einem hellrosafarbenen Unterrock, einem weißen Unterhemd und einem weißen Schlüpfer bekleidet.

An den Füßen trägt sie beigefarbene Kindersportschuhe. Der Wintermantel ist nur oben am Hals geschlossen, während die eigentlichen Knopflöcher geöffnet sind. Auf der rechten Vorderseite des Mantels sind untereinander angeordnet drei Knopflöcher vorhanden; diese sind unbeschädigt.

Die Tatortuntersuchung wird gegen 15.00 Uhr beendet. Die Leiche wird beschlagnahmt und zwecks sofortiger ge-

richtsmedizinischer Sektion dem Institut für gerichtliche Medizin Berlin zugeführt.

Während die Identifizierung der kindlichen Leiche auf Hochtouren lief, gab es parallel verschiedene Ermittlungsrichtungen, die sich auf die Lebensumstände und die Aussagen von Walter Steeger bezogen.

Gesucht wurde zum Beispiel der Taxifahrer, der den Stiefvater vom Café *Warschau* in die Pettenkoferstraße gefahren hatte. Am 11. Dezember 1964 gegen 18.40 Uhr wurde der VEB Taxi in der Persiusstraße im Stadtbezirk Friedrichshain aufgesucht und ein Unterabteilungsleiter gebeten, alle Taxifahrer anzusprechen. Er sagte, dass man für einen Fahrpreis von 3,50 MDN ungefähr vier Kilometer weit fahren könnte. Er wurde auch darüber in Kenntnis gesetzt, dass das Taxi ein Pkw *Moskwitsch* war; ihm wurden Anschläge übergeben, und man bat ihn, diese auf den Taxihöfen an gut sichtbaren Stellen auszuhängen.

Im Verlauf der Befragung des Personals der HO-Fleischerei in der Bänschstraße 75 erkannte die Verkäuferin Monika Steeger anhand eines Lichtbilds und erklärte, dass sie das Kind einer Kundin sei. Es war am gestrigen Tag gegen 16.00 bis 16.30 Uhr tatsächlich im Laden und kaufte einen kleineren Posten. Was genau, konnte sie nicht mehr sagen.

Ebenfalls an diesem Tag suchte Leutnant der VP Poppek die Gaststätte *Zum Bären* in der Pettenkoferstraße 19 auf und befragte die Wirtin, daselbst wohnend. Hier erfuhr er, dass das Ehepaar Steeger Stammgast ist; Herr Steeger trinke aber nur Bier. Am gestrigen Tag kam Walter Steeger so gegen 16 Uhr in die Gaststätte; er hatte einen Kohlensack bei sich und sagte der Wirtin, dass er Kohlen kaufen müsse. Er »trudelte« mit verschiedenen Gästen; insgesamt wurden zwölf Lagen Bier ausgetrudelt und natürlich auch getrunken. Monika kam zweimal ins Lokal und sprach kurz mit ihrem Stiefvater. Nach einer Stunde verließ Steeger die Gaststätte wieder, vergaß aber den Kohlensack und seine Handschuhe. Herr und Frau Steeger kamen gegen 20 Uhr wieder ins Lokal. Der Wirtin fiel auf, dass Frau Steeger verweinte Augen hatte. Darauf berichteten sie, dass Monika weggelaufen sei. Herr Steeger soll noch gesagt haben: »Wenn man dem Mädchen ein Bonbon gibt, dann läuft sie ja mit jedem mit.« Vom Telefon der Gaststätte sprach Herr Steeger dann mit der VP und verließ das Lokal gegen 22.30 Uhr, angeblich wollte er mit dem Taxi zur Wedekindstraße fahren. Bei dem zweiten Besuch hatte sich Herr Steeger die Handschuhe geben lassen, der leere Kohlensack verblieb noch in der Gaststätte *Zum Bären*.

Die Wirtin brachte von sich aus zum Ausdruck, sie befürchte, dass der Herr Steeger mit dem Mädchen etwas gemacht hat. Da er Dauergast sei, schätze sie ihn so ein, »dass er sich im ständigen Delirium befindet«.

In der Zeugenvernehmung am nächsten Tag legte die Wirtin nach: *Ich wunderte mich noch, dass Herr und Frau Steeger am 10. Dezember 1964 abends zwei Stunden in unserem Lokal zubrachten, wo sie doch wussten, dass ihre Tochter weg ist. Ich hatte das Empfinden, dass er der ganzen Sache gleichgültig gegenüberstand, wogegen Frau Steeger weinte. (...)*

Ich empfinde auf Grund folgender mir bekannter Tatsa-

chen, dass mit der Monika etwas passiert ist. Ich bange um das Kind und vermute, dass es nicht mehr am Leben ist und der Herr Steeger mit der Sache etwas zu tun hat. Im Juni ungefähr (1964) verstarb das jüngste Kind der Familie Steeger. Nach meinem Wissen kam das Kind aus dem Krankenhaus, und kurze Zeit später erstickte das Kind in der elterlichen Wohnung. Als das Kind verstarb, hatte Frau Steeger Frühschicht, Herr Steeger hielt sich an diesem Tage in meiner Gaststätte auf und verließ nach einiger Zeit das Lokal und kam später wieder zurück. Zwischenzeitlich, als er in seiner Wohnung, zwischen den beiden Gaststättenbesuchen, war, soll nach Angaben des Herrn Steeger das Kind erstickt sein. Er hätte es noch aus dem Bett genommen, es war blau und es wurde noch von ihm richtig durchgeschüttelt. Dieses Ereignis und jetzt das Verschwinden von Monika bestärken mich in der Annahme, dass der Herr Steeger bei diesen Kindern eine unrühmliche Rolle spielt.

Ferner ist mir bekannt aus Erzählungen von der Familie Steeger, dass der jüngste Sohn (noch lebend) ernsthafte Verletzungen wie Beckenbruch und Oberschenkelhalsbruch hatte. Angeblich soll das Kind aus dem Bett oder von seinem Arm gefallen sein.

Wenn mir die Frage vorgelegt wird, was meine Gäste über diese Angelegenheit sprechen, so kann ich nur sagen, dass sie keine gute Meinung von Herrn Steeger haben. So trauen ihm alle zu, dass er mit dem Mädchen etwas angestellt habe. Sie lachen darüber, dass der Steeger mit seiner Tochter Monika am 10. Dezember 1964 in den Abendstunden spazieren gegangen sein will. Es ist bekannt, dass der Steeger bisher nie mit seinen Kindern spazieren gegangen ist.

Um noch mehr über diesen Kneipenbesuch zu erfahren, befragten Leutnant der VP Zaspel und Leutnant der VP Poppek das Ehepaar Rosenbaum, das ebenfalls regelmäßig in der Gaststätte *Zum Bären* verkehrte. Demnach war Steeger an diesem besagten Tag betrunken. Die letzte Lage Bier wollte er gar nicht mehr trinken, weil er über starke Kopfschmerzen klagte. Auf die Frage, was er dann trinken wolle, verlangte er eine Selters und Kognak. Er bekam aber nur die Selters. Herr Rosenbaum brachte den Zustand auf den Punkt: »Er war total besoffen.«

Frau Rosenbaum meinte, dass Monika im Elternhaus wenig Liebe erfahre: »Wenn man sich dem Mädchen nähert und sie liebevoll behandelt, gibt sie die Liebe zurück.« Beide Elternteile, so Frau Rosenbaum weiter, bringen der Monika keine Liebe entgegen. Der Stiefvater gehe besonders lieblos mit dem Mädchen um. Wenn er sie in ein Heim bringe, so sagte er einmal, dann würde er dafür sorgen, dass sie nie mehr zurückkommen würde.

Vierzehn Tage vor dem Verschwinden der Monika saßen sie im *Bären* mit dem Ehepaar Steeger an einem Tisch, und es kam zu einer Auseinandersetzung. Nachdem über sexuelle Probleme in der Erziehung und Aufklärung diskutiert worden war, fuhr Michaela Steeger ihren Mann an: »Du sei mal ruhig! Wenn ich alles erzählen würde, dann würde man dich abholen!«

Steeger wollte alles abschwächen und meinte freundlich, dass Monika natürlich nicht doof sei. Sie habe es aber mit den Männern und trachte nur danach, mit ihm im Bett zu schlafen. Es wäre sogar schon vorgekommen, dass Monika unter der Bettdecke an sein Geschlechtsteil gefasst hätte. Die Auseinandersetzung drohte zu eskalieren, aber dem Ehepaar Rosenbaum gelang es taktisch klug, den Streit zu schlichten. Beide hatten auch den Eindruck, dass Steeger mit dem Verschwinden seiner Stieftochter sehr zufrieden war.

Im Kreise der Stammkunden würde ohnehin kollektiv die Meinung vertreten, dass auch die beiden zu Hause verstorbenen Kinder von Steeger umgebracht worden seien, wobei es sich nur um Vermutungen handele.

Möglicherweise leide Steeger in Trunkenheit an Verfolgungswahn, wie eine Geschichte der Vergangenheit beweise. Herr Rosenbaum hatte ihn vor einiger Zeit im volltrunkenen Zustand nach Hause gebracht. Hier unterstützte er dann Frau Steeger, ihren Mann ins Bett zu bugsieren. Rosenbaum zog den Steeger aus, und als er die Jacke weglegen wollte, sprang jener auf, griff in seine Taschen, holte dort sein Geld heraus und hielt es verkrampft in den Händen fest. Steeger tobte und brachte die gemeinsten Schimpfworte gegen seine Frau hervor. Er zwang sie, sich auch ins Bett zu legen und sofort einzuschlafen, da er befürchtete, dass sie ihn umbringen würde, wenn er zuerst einschliefe.

Leutnant der VP Zaspel besuchte am gleichen Tag, wir schreiben noch immer den 11. Dezember 1964, die Familie Kronauer, die am Strausberger Platz Nr. 14 wohnt. Herr Kronauer ist der Stiefbruder von Walter Steeger, aber das ist ja schon bekannt.

Bekannt ist dagegen nicht, was Otto Kronauer, beschäftigt in der SED-Kreisleitung Köpenick, und Hannelore

Kronauer, Bezirksrätin beim Rat des Kreises Friedrichshain, Abteilung Volksbildung, alles auszusagen hatten.

Es sei richtig, dass Walter Steeger gestern angerufen und mitgeteilt hatte, dass Monika verschwunden sei. Er fragte auch, ob sie bei ihnen sei. Dort war sie aber nicht. Und dann ging es richtig zur Sache. Sein Stiefbruder sei Alkoholiker. Das Zerwürfnis wäre so weit fortgeschritten, dass Otto Kronauer in einer Eingabe an die Abteilung Inneres den Wunsch äußerte, seinen Stiefbruder in ein Erziehungsheim zu bringen oder ihm die Auflage zu erteilen, die Hauptstadt der DDR zu verlassen beziehungsweise ihn auszuweisen.

Am 4. Dezember 1964 fand eine Unterhaltung zwischen Hannelore Kronauer und Walter Steeger statt, in deren Verlauf er sich erkundigte, welche Schritte er unternehmen kann, um seine Stieftochter Monika in einem Heim unterzubringen. Frau Kronauer wies dieses Ansinnen mit Nachdruck zurück, da hierfür kein Grund vorläge. Wenn Monika unerzogen ist und sich umhertreibt, dann liege das einzig und allein an der Erziehungsmethode der Eltern. Mit diesen Vorhaltungen war Walter Steeger natürlich nicht einverstanden, drohte, sich dann an eine andere staatliche Stelle zu wenden, und verließ umgehend die Wohnung am Strausberger Platz.

Um 9.31 Uhr erhielt der Operative Stab der VPI Friedrichshain von der Leitstelle des Präsidiums der Volkspolizei Berlin davon Kenntnis, dass im Friedrichshain die Leiche eines Mädchens aufgefunden worden war. In einer Anzeige (Mitteilung) nach § 102 StPO der DDR wurde von Amts wegen eine vorsätzliche Tötung angezeigt, da die durchgeführten Untersuchungen, wie es im Protokoll heißt, darauf schließen ließen, dass das Kind von einem bisher unbekannten Täter getötet worden sei.

Die sofort durchgeführte Obduktion beim Gerichtsmedizinischen Institut ergab, dass die St. erdrosselt worden ist. Das Ansetzen des Fährtenhundes war ohne Erfolg. Da durch den Stiefvater bekannt war, dass die St. im Besitz von 100 gr. Speck sowie eines Bindegürtels vom Mantel ist, diese Sachen bei der Leiche aber nicht aufzufinden waren, wurde durch Einsatzkräfte der VP die gesamte Umgebung des Kl. Bunkerbergs abgesucht. Die Suche war ebenfalls ohne Erfolg. Am Fundort und auch beim Absuchen der Umgebung konnten keine Gegenstände, die z. Zt. mit der Tat in Zusammenhang gebracht werden können, aufgefunden werden.

Dies schrieb unter der laufenden Nummer 1570 Genosse Urbanski, Leutnant der VP. Nach § 106 StPO wurde aufgrund dieser Anzeige ein Ermittlungsverfahren gegen einen bisher unbekannten Täter eingeleitet.

Die Obduktion der Leiche, die vom Schäferhund Harras im Volkspark Friedrichshain gefunden worden war, erfolgte am 11. Dezember 1964 im Institut für gerichtliche Medizin der Humboldt-Universität zu Berlin. Obduzenten waren als 1. Sachverständiger Oberarzt Dr. med. Wilhelm Haferland, als 2. Sachverständiger Dr. med. Gerhard Bundschuh und Dr. med. Georg Radam. Die beiden Letztgenannten waren zuvor bereits zur Besichtigung am Auffindeort; wir berichteten schon darüber.

Als Todesursache wurde Erdrosseln festgestellt. Außerdem heißt es im Gutachten:

IV. Für die Form der beschriebenen Strangmarke ist ein relativ breites Strangwerkzeug anzunehmen. Die beschriebenen Abdrücke aus reihenförmig angeordneten feinsten Hautblutungen im Bereich der Strangmarke sind als Stoffmusterabdrücke zu erklären und lassen den Schluss zu, dass das Strangwerkzeug während des Drosselvorganges mindestens teilweise durch Kleidung unterpolstert war. Der erwähnte Stoffabdruck an der Halsvorderseite entspricht der Gewebestruktur des Pulloverkragens.

Die Abdrücke des Strangwerkzeuges, insbesondere der über dem Kinn verlaufende Anteil, der Verlauf an der vorderen Halsseite sowie der unregelmäßige Verlauf der Strangmarke im Nacken mit den vorhandenen erheblichen grobfleckigen Gewebsunterblutungen legen die Vermutung nahe, dass das Strangwerkzeug dem Opfer von hinten umgelegt und im Nacken zugezogen wurde. Es darf weiterhin angenommen werden, dass das Tatwerkzeug zunächst über dem Kinn zu liegen kam und erst danach in die Halsregion verlagert wurde.

V. Auf einen Kampf hinweisende Spuren konnten an der Leiche nicht gefunden werden. Die Hautvertrocknung und die entsprechende kräftige Unterblutung im Bereich des linken Stirnhöckers lassen sich am ehesten durch Hinstürzen nach vorn erklären.

VI. Unter der Voraussetzung, dass der Urinabgang w ä h r e n d des Todeseintrittes erfolgte, darf aus der großflächigen Urindurchtränkung der Schlüpfervorderseite der Todeseintritt in Bauchlage abgeleitet werden.

VII. Äußere oder innere Verletzungen, insbesondere der Geschlechtsorgane, die auf das Vorliegen eines Sexualverbrechens hindeuten könnten, hat die Obduktion nicht ergeben.

Die Tote vom Friedrichshain konnte anhand des Lichtbilds und der gegebenen Personen- und Kleidungsbeschreibung eindeutig als Monika Steeger identifiziert werden.

Nicht geklärt werden konnte, warum viele Untersuchungsschritte in dieser Sache parallel und ohne Kenntnis der jeweiligen anderen Maßnahmen erfolgten. So wurde Walter Steeger am 11. Dezember 1964 in der Zeit von 19.15 bis 21.35 Uhr als Zeuge vernommen, zu einem Zeitpunkt, als die Leiche des Kindes schon längst gefunden und identifiziert worden war. Kriminalisten aus der VPI Friedrichshain waren am Tatort. Ottmanns mehr hypothetischer Tatvorwurf, über den der Vernommene so wütend war, hätte also schon anderweitig untermauert werden können. Warum wurde Walter Steeger in die Freiheit entlassen? Und nicht vorläufig festgenommen? Denn alles, was man bis dahin wusste, deutete doch schon irgendwie auf den Stiefvater hin.

Jedenfalls wurde in den Abendstunden des 11. Dezember 1964 nach Prüfung aller vorliegenden Unterlagen gemäß § 106 StPO der DDR durch die VP-Inspektion Friedrichshain, Abteilung K, ein Ermittlungsverfahren gegen Walter Steeger eingeleitet. Er stehe in dem dringenden Verdacht, seine Stieftochter in den Abendstunden des 10. Dezember 1964 im Volkspark Friedrichshain, »etwa auf halber Höhe des Kleinen Bunkerberges«, getötet zu haben, was ein Verbrechen gemäß § 211 StGB der DDR darstellte.

In diesen Abendstunden des 11. Dezember überschlugen sich die Ereignisse abermals. Über die Generalstaatsanwaltschaft von Groß-Berlin, Staatsanwalt Miltz, wurde ein Haftantrag gestellt, den Richter Stephan vom Stadtbezirksgericht Friedrichshain am 12. Dezember 1964 (Aktenzeichen 411 As 510/64) gegen Walter Steeger wegen dringenden Verdachts eines Tötungsverbrechens erließ: »Auf Grund des Deliktes ist eine nähere Begründung des Erlassens des Haftbefehls nicht notwendig.«

Walter Steeger wurde am späten Abend des 11. Dezember in der Gaststätte *Zum Bären*, Pettenkoferstraße 19, vorläufig festgenommen (weil der Haftbefehl ja noch nicht vorlag, konnte er nicht »verhaftet« werden) und der Kriminalpolizei zugeführt. Die Einlieferung in die Untersuchungshaftanstalt (UHA) Berlin-Mitte in der Keibelstraße erfolgte um 23 Uhr. Hauptmann der VP Hans Zlab von der Abteilung Kriminalpolizei im Präsidium der Volkspolizei, MUK, beantragte eine Einzelhaft, und in die Spalte »Bemerkungen« auf dem Vordruck (DVP/KP 50) tippte er mit der Schreibmaschine: »Achtung, Selbstmordverdacht«.

Lothar Ottmann und Thomas Wieke aber wurden gegen 3 Uhr des folgenden Tages, wir schreiben jetzt den 12. Dezember 1964, unsanft aus ihren Träumen gerissen. Auf ihrer Dienststelle, der VPI Friedrichshain, erhielten sie die Weisung, sich unverzüglich zum Präsidium der Volkspolizei Berlin in die Keibelstraße zu begeben, weil sie ab sofort der Morduntersuchungskommission zugeordnet waren, die den Fall Walter Steeger zu untersuchen hatte.

Der Sachbearbeiter der MUK, Oberleutnant der VP Heinz Kraft, vernahm mit Lothar Ottmann zusammen den vorläufig festgenommenen Walter Steeger als Beschuldigten. Die Vernehmung begann am 12. Dezember 1964 um 4.45 Uhr in einem Befragungszimmer der Untersuchungshaftanstalt. Vor dem kleinen Fenster prangten Gitter, die verkündeten, dass es jetzt keine Flucht mehr geben wird.

»So«, begann Oberleutnant Kraft und wies auf Lothar Ottmann, »sieht man sich wieder. – Also, wir haben die Leiche Ihrer Stieftochter gefunden, sie ist getötet worden. Wir haben gegen Sie ein Ermittlungsverfahren nach § 106 StPO der DDR eingeleitet, weil Sie dringend verdächtig sind, Ihre Stieftochter Monika Steeger ermordet zu haben. Das ist ein schweres Verbrechen, das nach § 211 StGB der DDR bestraft wird. Sind Sie sich darüber im Klaren?«

Walter Steeger, der wie Lothar Ottmann reichlich übermüdet aussah, aber immer noch eine wenig elegante Selbstsicherheit zur Schau stellte, zeigte sich entrüstet. »Was, wie? Ich habe nichts gemacht, was Sie mir vorwerfen können! Das hier ist ein Justizirrtum. Ich dachte, so etwas passiert nur in Westberlin. Das war bestimmt ihr Vater aus Westberlin!«

Steegers Gesicht war so grau, als hätte er sich vom Großen Bunkerberg im Friedrichshain selbst hinabstürzen sehen.

»Nun ja«, entgegnete Heinz Kraft, »was wirklich passiert ist, das werden wir schon noch ermitteln. Da bin ich mir sicher. Ich bin gesetzlich verpflichtet, Sie zu ermahnen, die Wahrheit zu sagen, was, wenn Sie es wirklich getan haben, auch das Allerbeste wäre.«

»Die Wahrheit ist, dass ich es nicht war. Niemals.«

»Nun ja, das werden wir sehen. Fangen wir mal so an: Ihre Ehefrau hat ausgesagt, und auch alle Bekanntschaften aus der Kneipe meinten, dass Sie nie mit ihren Kindern spazieren gegangen sind. Nie, verstehen Sie, nie. Und wie kommt es dann, dass Sie Monika abpassen und nun plötzlich auf die Idee kommen, mit dem Kind noch ein wenig spazieren zu gehen? Sogar bis zum Forckenbeckplatz?«

Steeger schwieg, und er erreichte bald den Punkt, an dem das Schweigen aufhörte, klug und seriös zu wirken.

»Äußern Sie sich doch einmal zu diesem Vorhalt!«, hakte Heinz Kraft energisch nach.

Und nach einer langen Pause kam doch noch eine kleinlaute, aber vielleicht richtige Aussage. »Es überkam mich so.«

»Gut, das ist ja wenigstens eine Antwort. Weiter. Warum musste Monika nicht nur den Speck halten, sondern auch Ihren Mantelgürtel?«

»Das will ich Ihnen sagen, das hat einen einfachen Grund. Der Gürtel hat mich beim Pinkeln gestört.«

Jetzt schwieg Kraft, und zwar auch ziemlich lange. Ottmann blätterte in den Akten, nickte ab und zu bedeutungsvoll, zuweilen murmelte er auch etwas, aber so undeutlich, dass Steeger nur ahnen konnte, was der andere Kriminalist wohl meinen könnte. Die Situation wurde somit für den Beschuldigten immer undurchsichtiger.

»Nun«, sagte Kraft mit seinem einleitenden Lieblingswort, »das müssen Sie uns mal vormachen, wie ein Mantelgürtel beim Pinkeln stören kann.«

Lothar Ottmann ging zum Schrank und holte einen Mantel heraus, der einen breiten Gürtel hatte, und reichte ihn Walter Steeger mit der Bemerkung: »Der müsste Ihnen passen!« Die Zeiten für Heimlichkeiten und Lügen schienen unwiderruflich vorbei zu sein, das spürte Steeger schon.

Die Anprobe des Mantels war Slapstick-reif; Steeger fühlte sich sehr unwohl dabei.

»Nun schließen Sie mal den Gürtel ordnungsgemäß. So ist recht. Und der stört beim, na sagen wir, Wasserlassen, wenn Sie den Mantel unten aufknöpfen?«

»Nein, stört nicht.«

»Und hat er gestört, wenn die Gürtelenden so herunterhängen?«

»Auch nicht«, meinte Walter Steeger mit einiger Verzögerung.

»Also, warum musste das Mädchen neben dem Speck den Mantelgürtel halten?«

»Er störte einfach. Weil ich den Gürtel nicht durch die Schlaufe gezogen hatte, sondern nur lose umgebunden!«

»Auch das lassen wir so stehen. Ziehen Sie den Mantel aus, und setzen Sie sich bitte wieder hin. Also weiter. Ihre Frau hat ausgesagt, dass Sie Ihrer Stieftochter sehr zugetan sind, andere Zeugen meinen, dass Sie sie hassen. Sie haben auch einmal erzählt, dass Monika hinter Männern her ist und gern zu Ihnen ins Bett kommt. Da soll sie auch schon mal an Ihr Geschlechtsteil gefasst haben. Wie ist denn nun Ihr wirkliches Verhältnis zu Monika gewesen?«

Obwohl es keinerlei direkte Beweise gegen Walter Steeger gab, schloss sich irgendwie ein Ring um ihn herum, wie eine hohe Mauer, durch die er nicht mehr nach draußen in die Freiheit gelangen konnte. So nahm er jedenfalls die nun entstandene, für ihn bedrückende Situation deutlich wahr. Und er spürte auch: Die Kriminalisten wussten viel, hatten in der Kürze der Zeit sehr tiefgründig ermittelt, und zwar nicht zu seinem Vorteil.

Vorhalt, Frage, Vorhalt, Frage. Vorhalt. »Und was meinen Sie dazu?« So ging es eine ganze Weile. Irgendwann sammelte Walter Steeger nur noch Worte im Mund und schickte sie dann relativ schwerfällig in die Welt. Und irgendwann war er dann völlig sprachlos geworden.

Vorhalte in einer Befragung oder Vernehmung sind ein ganz normales taktisches Mittel, eine wahrheitsgemäße Aussage zu erhalten. Dabei ist der Begriff des Vorhalts fachspezifisch, denn nur in der Schweiz heißt die üblicherweise bei uns angewendete Vorhaltung so. Und was sind Vorhaltungen? Kurz gesagt, kritisch-vorwurfsvolle Äußerungen gegenüber jemandem in Bezug auf dessen Verhalten. Das braucht nicht weiter erklärt zu werden, denn Vorhaltungen gehören zum üblichen Sprachgebrauch in fast jeder konfliktbeladenen Situation.

Die Vernehmer wissen, dass Fragen nicht unbedingt als Fragesatz, sondern auch als Aussagesatz formuliert werden können – in dem eben Fragen enthalten sind. Denn auch Aussagesätze können sehr Antwort-provozierend sein, und darauf kommt es doch an, wenn zum Beispiel ein Beschuldigter in einer Strafsache vernommen wird. Man kann Beweismittel vorlegen mit der Aufforderung, sich dazu zu äußern, oder mit einem sogenannten verbalen Vorhalt arbeiten.

Im *Wörterbuch der sozialistischen Kriminalistik* aus dem Jahr 1981 heißt es dazu:

»Vorhalte: legitimer Bestandteil von Befragungen und Vernehmungen. Durch kurze Darstellung offensichtlicher Widersprüche, Zusammenhänge, Fakten sowie tatsächlicher Geschehnisse und Handlungsabläufe durch den Vernehmenden soll die betreffende Person zu einer gedanklichen Auseinandersetzung und im Ergebnis dessen zu einer persönlichen Äußerung zu der ihr vorgehaltenen Darstellung veranlasst werden. Der Vorhalt ist in das Befragungs- und Vernehmungsprotokoll aufzunehmen.

Zur Unterstützung des Vorhalts ist die Vorlage von Beweismitteln bzw. der Verweis auf bereits vorgelegte Beweismittel möglich. Vorhalte aus dem Untersuchungsergebnis dienen vor allem der Klärung von Widersprüchen, der Objektivierung des Sachverhalts, der Beweisführung und Überführung von Verdächtigen.

Vorhalte können sich auf den gesamten Inhalt der Anzeigenprüfung des Ermittlungsverfahrens beziehen, sind meist jedoch auf bedeutsame Beweisfragen gerichtet.«

Eine bedeutsame Beweisfrage war, ob Walter Steeger als Mörder seiner Stieftochter in Frage kommt oder nicht. Nach der Phase der Sprachlosigkeit sagte er laut Protokoll dann überraschenderweise das Folgende:

Nachdem mir der hier anliegende Sachverhalt bekanntgegeben und mit mir durchgesprochen wurde und ich Zeit zum Überlegen hatte, bin ich zu der Überzeugung gekommen, dass es für mich besser ist, die Wahrheit zu sagen.

Wie ich bereits in meiner Zeugenaussage zu Protokoll gab, bin ich seit 1961 mit der Michaela, geborene Müller – 29-jährig – verheiratet. Zum Zeitpunkt unserer Eheschließung brachte meine Frau das Kind Monika mit in die Ehe. Aus meiner bisherigen Ehe sind drei Kinder hervorgegangen, wovon 2 Kinder verstarben, so dass außer der Monika noch der 1 ¾-jährige Christoph in unserem Haushalt lebte. Wann und unter welchen Umständen die 2 Kinder verstarben, habe ich bereits in meiner Zeugenaussage angegeben.

Schon kurz nach unserer Eheschließung hatte ich den Eindruck, dass meine Frau die Monika vorgezogen hat. Dieses war in allen Dingen der Fall, Monika konnte sich erlauben, was sie wollte. Hatte Monika irgendetwas ausgefressen und wollte ich sie deswegen strafen, so gab es jedes Mal zwischen meiner Frau und mir Theater. Ich musste mich daher des Öfteren über Monika ärgern, so dass ich nach und nach einen gewissen Groll gegen sie hatte. Wenn es nach mir gegangen wäre, hätte ich die Monika schon längst in eine Erziehungsanstalt bringen lassen, jedoch meine Frau war immer dagegen. Auch in dieser Hinsicht kam es des Öfteren zwischen meiner Frau und mir zu wörtlichen Auseinandersetzungen. Durch diese Umstände war dann meine Ehe nicht mehr so, wie sie anfangs gewesen ist. Ich möchte sagen, meine Ehe stand in der letzten Zeit ziemlich auf wackligen Füßen.

Ich möchte nun auf Donnerstag, den 10.12.1964, zu sprechen kommen. An diesem Tage befand ich mich zuhause, da ich seit dem 07.12.1964 wegen starker Kopfschmerzen arbeitsunfähig geschrieben bin. Meine Ehefrau, die nicht berufstätig ist, war ebenfalls anwesend, so wie meine beiden Kinder Christoph und Monika. Monika war deswegen zuhause, weil sie seit dem 09.12.1964 an Durchfall litt und seit diesem Tage von mir entschuldigt der Schule fernblieb.

Es stimmt, dass ich an diesem Tage etwa gegen 14.30 Uhr mit einem leeren Kohlensack die Wohnung verließ. Ich hatte vorerst die Absicht, von einem Kohlenhändler Kohlen für uns zu holen. Als ich jedoch die Wohnung verlassen hatte, änderte ich dieses Vorhaben und begab mich in die Gaststätte »Bärchen« in der Pettenkoferstraße. In dieser Gaststätte kann ich etwa bis gegen 17.30 Uhr aufenthältlich gewesen sein. Während des genannten Zeitraumes trank ich in der Gaststätte ca. insgesamt 7–8 Glas helles Bier. Als ich die Gaststätte wieder verließ, befand ich mich in angetrunkenem Zustand, ich möchte sagen, ich war etwas beschwipst, jedoch nicht volltrunken. Bemerken möchte ich noch, dass während meines Gaststättenaufenthaltes zwei Mal die Monika dort erschien, um mich nach Hause zu holen. In beiden Fällen hatte ich ihr gesagt, dass sie der Mutti mitteilen soll, dass ich bald komme. Soweit ich mich noch erinnern kann, habe ich in der Gaststätte »Bärchen« mit mehreren männlichen Personen Lagen ausgetrudelt. Unter diesen Personen befanden sich unter anderem ein gewisser Rosenbaum, Peter aus der Voigtstraße und ein gewisser »Kurt«, Nachname weiß ich nicht, er wird dort im Allgemeinen »Schneiderkurt« genannt. Die Anderen, die mit mir noch getrudelt haben, kenne ich weiter mit Namen nicht.

Nach Verlassen der Gaststätte ging ich sofort nach Hause in meine Wohnung, wo ich kurz nach 17.30 Uhr eingetrof-

fen sein kann. Meiner Ehefrau teilte ich mit, dass ich beim Kohlenhändler gewesen sei, der jedoch keine Kohle zum Verkauf hatte. In dieser Hinsicht kam es wieder zwischen meiner Ehefrau und mir zu einem kleinen sogenannten Ehekrach. Zwischenzeitlich war auch die 8-jährige Monika in der Wohnung eingetroffen, die irgendwo beim Spielen gewesen sein soll. Ich weiß noch, dass meine Ehefrau die Monika wegschickte, damit sie von einem Schlächterladen aus der Bänschstraße etwas Speck zum Braten kaufen sollte. Sie gab der Monika noch ihre Geldbörse zum Kauf des Specks mit.

Da ich wegen des Ehekrachs mit meiner Frau wieder etwas verärgert war, habe ich mir meinen bräunlichen Trenchcoat mit Bindegurt angezogen und wieder die Wohnung verlassen. Ich wusste zu dieser Zeit noch nicht, wo ich eigentlich hingehen wollte. Mir ist noch in Erinnerung, dass ich den Bindegurt meines Mantels nicht durch die dafür am Mantel vorhandenen Schlaufen zog, sondern ihn einfach um den Mantel legte und vorn mit einem einfachen Knoten zuband. Nach dem Verlassen der Wohnung ging ich zur Bänschstraße und traf dort mit der Monika zusammen. Ich nahm ihr den eingekauften Speck und die ihr von meiner Frau mitgegebene Geldbörse weg und steckte beide Sachen in meine rechte Manteltasche. Danach sagte ich zu Monika, dass sie mit mir mitkommen soll, wir würden ein bisschen spazieren gehen. Hierbei hatte ich noch keinerlei Absichten, der Monika irgendein Leid anzutun.

Ich bin dann mit der Monika zusammen so weiter gelaufen, wie ich es bereits in meiner Zeugenvernehmung aussagte. Es trifft demzufolge auch zu, dass ich in der Dolziger Straße in ein mir unbekanntes Haus ging und dort urinie-

ren wollte. Dabei wurde ich von einer unbekannten weiblichen Person gestört. Auch stimmen die Angaben aus meiner Zeugenaussage, dass ich anschließend mit der Monika zum Forckenbeckplatz ging und dort wie bereits geschildert urinierte. Auch stimmt es, dass die Monika mich am Forckenbeckplatz fragte, ob hier der Märchenbrunnen sei. Ich verweise in diesem Zusammenhang auch auf die Aussagen in meiner Zeugenvernehmung. Es ist möglich, dass ich jetzt, als mich Monika hinsichtlich des Märchenbrunnens fragte, auf den Gedanken kam, mit ihr dorthin zu gehen.

Nachdem ich mit meinem Urinieren am Forckenbeckplatz fertig war, ging ich zusammen mit Monika zum Märchenbrunnen im Volkspark Friedrichshain. Wir sind zu Fuß dort hingegangen, ohne dass ich sagen kann, welche einzelnen Straßen wir durchliefen. Ich habe der Monika dort den Märchenbrunnen gezeigt, bin mit ihr weiter in der Parkanlage zu einem dort befindlichen Reiterdenkmal gegangen und von hier aus ging es weiter zum sogenannten »Kleinen Bunkerberg«, wo sich die Rodelbahn befindet. Wir gingen dort hinauf, ohne dass ich diesen Weg richtig beschreiben kann. Meine Absicht war es vorerst, auf die vor uns liegende Stadt hinunterzuschauen. Als wir dort oben standen, band ich mir plötzlich meinen Bindegürtel vom Mantel ab und legte diesen über eine Schulter der Monika. Ich kann nicht mehr sagen, welche Schulterseite es war.

Frage: Aus welchen Gründen banden Sie sich den Gürtel des Mantels ab und legten diesen über die Schulter der Monika?

Antwort: Ich weiß nicht, warum ich das tat.

Ich verließ dann mit der Monika das obere Plateau des

»Kleinen Bunkerberges« und ging einen Gehweg von dort etwas herunter. Hier beim Gehen kamen mir die Gedanken, dass ich des Öfteren wegen der Monika Ärger mit meiner Frau hatte und deswegen, wie bereits schon erwähnt, meine Ehe nicht mehr harmonisch verlief. Ich dachte, dass es besser ist, wenn ich die Monika umbringe. Hierbei fasste ich auch den Entschluss, mit ihr in dort vorhandene Büsche zu gehen, um meine Absicht – sie umzubringen – in die Tat umzusetzen.

Ich verließ mit Monika diesen Gehweg nach links, gelangte an einen Abhang, ging mit ihr durch einiges Buschwerk, und plötzlich stürzte ich nach vorn, weil dort so etwas Ähnliches wie eine Steinabtreppung vorhanden war. Direkt zu Fall bin ich hierbei nicht gekommen. Ich fasste Monika an die Hand, und sie sprang zu mir herunter. Es kann möglich sein, dass wir noch eine weitere terrassenförmige Abstufung hinuntergingen. Hier stand ich dann mit Monika, soweit ich mich erinnern kann, zwischen Buschwerk. Ich möchte sagen, Monika und ich, wir befanden uns in Hockstellung, da uns die Zweige des Busch- bzw. Strauchwerks behinderten. Ich kam hinter Monika in hockende Stellung, und hierbei habe ich von hinten sofort den Gürtel meines Mantels, der sich noch über der Schulter der Monika befand, einmal um ihren Hals geschlungen und von hinten über Kreuz zugezogen. Mit dieser Handlung wollte ich Monika durch Drosseln umbringen. Ich habe sehr kräftig zugezogen, ich weiß nur noch, dass Monika dann vornüber zu Boden stürzte, so dass sie auf dem Bauch zu liegen kam. Hierbei muss sich der Gürtel am Hals der Monika etwas gelockert haben, denn sie fing mächtig mit ihren Beinen an zu strampeln. Da ich sie aber unbedingt tot-

machen wollte, fasste ich sofort wieder die beiden Enden des Gürtels und zog sie erneut über Kreuz gelegt kräftig zusammen. Hierbei kann es möglich sein, dass ich mich mit einem Knie auf dem Rücken der Monika abstützte.

Wie lange ich zugezogen habe, weiß ich nicht mehr. Ich habe dann plötzlich aufgehört, und Monika lag ruhig da. Ich bekam es nun mit der Angst zu tun, was ich dort angestellt habe, drehte die Monika herum, so dass sie sich nun in Rückenlage befand. Jetzt nahm ich den Gürtel von ihrem Hals ab und fühlte an ihrem linken Unterarm, in der Pulsgegend, ob noch ein Pulsschlag zu verspüren war. Ich war dabei sehr aufgeregt und habe nichts feststellen können, das heißt, ich habe wohl keinen Pulsschlag mehr verspürt. Hierbei sah ich plötzlich, dass der Mund der Monika mit Blut verschmiert war. Ich konnte das erkennen, weil unten am Abhang, auf einem dortigen Weg hintereinander mehrere Straßenleuchten stehen und das Licht dieser Lampen auch die Stelle einigermaßen erhellte, wo ich mich mit Monika befand. Als ich das Blut gesehen hatte, nahm ich den Gürtel, steckte ihn wahrscheinlich in meine Manteltasche und rannte davon.

Ich kann beim besten Willen nicht mehr sagen, welchen Weg ich eingeschlagen habe, als ich davonlief. Ich war so aufgeregt, dass ich mich daran nicht mehr erinnern kann, ob ich nach links oder rechts herunter den Abhang weiterrannte oder nach links oder rechts einen Weg entlanglief.

Ich bin dann durch die Parkanlage des Volksparks schnellen Schrittes gerannt, ohne, wie bereits schon angegeben, dass ich sagen kann, in welche Richtung ich lief und an welcher Stelle ich aus dem Volkspark herauskam. Ich weiß nur noch, dass ich beim Durchqueren der Parkanlage den von der Monika eingekauften Speck unterwegs wegwarf und weitergelaufen bin, ohne sagen zu können, durch welche Straßen ich lief. Ich kann mich lediglich noch erinnern, dass ich zum Schluss die Friedenstraße entlanglief, wo der O-Bus fährt, und ich anschließend in unmittelbarer Nähe der Cafés Warschau und Budapest landete. An dem dort befindlichen Taxihaltestand nahm ich mir ein Taxi und fuhr nach Hause. Soweit ich mich erinnern kann, war ich so gegen 19.45 Uhr vor meinem Wohnhaus angelangt.

Ich bin mit einem Taxi der Automarke »Moskwitsch« gefahren. Dieser Wagentyp ist mir bekannt. Soweit ich mich erinnern kann, könnte es sich bei dem Fahrer um einen älteren Mann gehandelt haben. Ebenso könnte das Taxi keinen Taxometer gehabt haben, denn meiner Erinnerung nach hat der Fahrer den Fahrpreis entsprechend der gefahrenen Kilometer von einer Tabelle abgelesen. Die genaue Höhe des Fahrpreises kann ich nicht benennen, er kann sich zwischen 3,50 und 4,00 MDN belaufen haben. Da ich kein Geld in dieser Höhe mehr bei mir hatte, begab ich mich zu meiner Wohnung, holte von meiner Frau Geld und bezahlte inklusive Trinkgeld 4,00 MDN.

Ich fragte meine Frau, ob die Monika sich schon eingefunden habe, was von ihr verneint wurde. Danach erzählte ich ihr das, was ich bereits in meiner Zeugenvernehmung angab. Anschließend begaben sich meine Frau und ich wieder auf die Straße, um weiter nach Monika zu suchen. Hierbei trennten wir uns, das heißt, meine Frau ging in Richtung Schleidenplatz und ich in Richtung der rechts, schräg unserem Wohnhaus gegenüberliegenden Straßenseite. Hier be-

gab ich mich auf ein unbebautes Grundstück, welches nach hinten durch einen kleinen Holzzaun begrenzt wird. Hinter diesem Holzzaun befindet sich das Gelände der Reichsbahn. Ich weiß, dass dort ein Umformerhaus der Reichsbahn steht. Der Erdboden bis zu dem benannten Holzzaun war ziemlich aufgeweicht und locker. Ich trat an den Holzzaun heran, nahm nun aus meiner Manteltasche den Bindegürtel und warf ihn über den Zaun auf das Gelände der Reichsbahn. Anschließend bin ich weitere Straßen entlanggegangen und habe so getan, als ob ich Monika suchen würde. Hierbei traf ich meine Frau, mit der ich zusammen wieder nach Hause ging. In der Wohnung angelangt, stellte ich fest, dass meine Schuhe von dem lockeren Erdreich am Holzzaun stark verschmutzt waren. Ich säuberte die Schuhe auf dem Korridor mit einer Schuhbürste. Im Weiteren trug es sich dann so zu, wie ich es bereits in meiner Zeugenvernehmung zu Protokoll gab.

Danach befragt, welche Bekleidung ich am 10.12.1964, also am Tattage, trug, kann ich sagen, dass es die gleiche Kleidung ist, die ich auch heute trage. Soweit ich feststellen konnte, habe ich meine Kleidung, die ich bei der Tatausführung trug, nicht beschmutzt. Auch habe ich keinerlei Verletzungen hierbei davongetragen.

Weitere Angaben kann ich heute nicht mehr machen.

Ich konnte der Vernehmung folgen, und die von mir zu Protokoll gegebenen Aussagen entsprechen der Wahrheit.

In den frühen Morgenstunden wurde nach dem Mantelgürtel, den Walter Steeger als Drosselwerkzeug verwendet hatte, an der Stelle gesucht, die er in seiner Vernehmung angegeben hatte. In einem *Fundortbefundbericht* von Unterleutnant der VP Teschke und Leutnant der VP Poppek vom 12. Dezember 1964 heißt es:

Nach kurzem Suchen wurde an nachfolgend beschriebener Stelle der Bindegurt gefunden: In der Pettenkoferstraße befindet sich rechts neben dem Wohnhaus Nr. 10 ein abgeräumtes Ruinengrundstück, das zurzeit von Planierraupen planiert wird. Es handelt sich bei dem Boden an dieser Stelle um weißlich-grauen sandigen bis lehmigen stark am Schuhwerk haftenden Boden. Etwa in Höhe des ehemals dort befindlichen Quergebäudes findet sich ein dieses Grundstück vom Bahngelände abgrenzender Staketenzaun. Dieser Zaun hat eine Höhe von ca. 2 m. Etwa in der Mitte des Zaunes findet sich ca. 80 cm von diesem entfernt, bereits auf dem Reichsbahngelände liegend, ein 173 cm langer, 3 cm breiter braunfarbener Bindegurt aus Gabardinestoff. Etwa in der Mitte dieses Bindegurtes haftet offenbar Blut in Form einer Blutdurchtränkung dem Gewebe an. Vom Auffindungsort wurden fotografische Aufnahmen gefertigt. Zur besseren Übersicht des Fundortes werden umfassende Aufnahmen bei einsetzendem Tageslicht gefertigt. Bindegurt, Mantel mit blutverdächtigen Stellen werden dem gerichtsmedizinischen Institut zur Begutachtung und Untersuchung übersandt.

Bei der Durchsuchung der Wohnung von Walter Steeger in der Pettenkoferstraße wurden einige Bekleidungsstücke beschlagnahmt und ebenfalls dem Institut für gerichtliche Medizin der Humboldt-Universität zu Berlin übersandt mit der Bitte, die Gegenstände auf verdächtige Spuren zu untersuchen.

Der unmittelbare Fundort des Gürtels, der nach den Angaben des Täters gesucht wurde.
Aus der Fotodokumentation zur Tatortarbeit

Der unmittelbare Fundort mit Gürtel (Detail)
Aus der Fotodokumentation zur Tatortarbeit

Die Antwort vom 15. Dezember 1964, gerichtet an den Generalstaatsanwalt von Groß-Berlin, fiel allerdings mager aus. Dr. med. Georg Radam fand weder am Popelinmantel des Beschuldigten noch an Jackett, Anzugshose, an den Herrenhalbschuhen und an einem Taschentuch verdächtige Spuren. Nur am Mantelgürtel konnte eine Spur festgestellt werden, die einer Blutgruppenuntersuchung unterzogen wurde. »Das Material reichte lediglich aus«, heißt es im Bericht, »die erwähnte Spur eindeutig als Blutspur, vom Menschen stammend, zu identifizieren. Eine Blutgruppenbestimmung war nicht möglich.«

Der Gürtel, und das war auch noch eine wichtige Feststellung, »ist streckenweise strickartig zusammengerafft«. Damit wurde bewiesen, dass der Gürtel als Drosselwerkzeug benutzt wurde. »Der während der Obduktion der

Betroffenen angefertigte Scheidenabstrich wurde gefärbt und mikroskopisch auf Samentierchen untersucht. Das Ergebnis fiel negativ aus.« Also, ein Sexualdelikt lag nicht vor. Die mitgeschickten Schläfen- und Kopfhaare von Walter Steeger wurden »zwecks eventuell notwendig werdender Spurenuntersuchungen im Institut für gerichtliche Medizin asserviert«.

Auch wenn die Spurenlage sehr dürftig war, bestand an der Beweiskraft des Geständnisses keinerlei Zweifel. Walter Steeger hatte Wissen offenbart, das nur der Täter haben konnte. Denn niemand anderes als er konnte wissen, wohin das Tatwerkzeug geworfen wurde.

Nach dem Geständnis berichteten die Tageszeitungen von der schnellen Überführung des Mörders.

Die Kriminalpolizei ermittelte akribisch weiter. Sie konnte sogar den gesuchten Taxifahrer ausfindig machen und als Zeugen vernehmen. Er wohnte in Buckow, Kreis Strausberg, und arbeitete im VEB Taxi in der Persiusstraße 7–8. Er bestätigte die Aussage Steegers, die zwar für einen Nachweis der zurückgelegten Strecke nach dem Verbrechen interessant war, aber nicht zum Beweis des Mordes beitragen konnte.

Am 9. Januar 1965 wurde Frau Schiebel aus der Dolziger Straße 28 als Zeugin vernommen. Sie verließ am 10. Dezember 1964 gegen 18.30 Uhr ihre Wohnung, weil sie noch zu einer Bekannten und einkaufen wollte. Als sie die Haustür der Dolziger Straße 40/41 öffnete, wo die Bekannte wohnte, kamen ihr Walter Steeger und seine Tochter entgegen. Sie kannten sich von der Gaststätte *Zum Bären,* und er hatte die Zeugin ein paar Monate zuvor auch schon einmal in ihrer Wohnung besucht. Er stutzte, grüßte aber nicht.

Mörder überführt

Tot aufgefunden wurde am Freitag im Volkspark Friedrichshain die achtjährige Monika aus Friedrichshain. Noch am gleichen Tag gelang es der Volkspolizei, den Täter zu ermitteln. In einer Gaststätte wurde der 25jährige Walter Steeger, Stiefvater des Mädchens, festgenommen. Er ist überführt das Kind, wie er sagt, aus Haß getötet zu haben.

Diese Meldung befindet sich in den Akten. Die genaue Quelle konnte nicht ermittelt werden.

»Da der Flur dunkel war«, erzählte die Zeugin, »betätigte ich den Lichtschalter. Walter Steeger drehte sich um, als ich Licht machte. Wie ich schon sagte, trafen wir direkt in dem Eingang zusammen, und ich weiß genau, dass Monika mit aus dem Flur kam und nicht draußen stand. Ich suchte dann Frau Blohm auf und habe nicht darauf geachtet, wo Steeger mit der Monika blieb. Als ich kurze Zeit darauf wieder das Haus verließ, sah ich in der linken vorderen Ecke des Flurs (links, wenn man den Flur von der Straße aus betritt) eine Lache. Auch die Wand war nass. Ich nahm an, dass Steeger sich ›ausgemacht‹ haben müsste, weil es ganz frisch war. Mir war so etwas unbegreiflich.«

Am 17. Dezember 1964, also sieben Tage nach dem Verbrechen, liefen zwei Kriminalisten der MUK die Strecke ab, die der Mörder mit seiner Stieftochter wahrscheinlich gegangen war. Von der Pettenkoferstraße bis zum Tatort über die Dolziger Straße, den Forckenbeckplatz, die Eldenaer Straße, die Mühsamstraße, die Bersarinstraße, die Dimitroffstraße, die Langenbeckstraße zum Eingang in den Volkspark Friedrichshain, über die Treppe zum Kleinen Bunkerberg. Für diese Wegstrecke wurden 41 Minuten benötigt. Anhand des Stadtplans konnte ermittelt werden, dass bei einer Begehung anderer Straßenzüge ohne große Richtungsabweichungen kein wesentlicher Zeitunterschied bestehen würde. »Rechnet man die vom Täter bisher angegebenen Zeitunterbrechungen (Betreten eines Hauses in der Dolziger Straße und evtl. Verrichtung einer Notdurft auf dem Forckenbeckplatz) hinzu, so könnte sich die Zeitdauer auf ca. 45 Minuten erhöhen.«

Diese Angaben waren wichtig, um die Aussagen des Beschuldigten überprüfen zu können. Konnte er diese Strecke hin und zurück überhaupt in der von ihm angegebenen Zeit zurücklegen? War sein Aufenthalt im Friedrichshain an dem Kleinen Bunkerberg nicht viel länger gewesen, als er angegeben hatte? Hat er wirklich seine Stieftochter in einer Art Affekt getötet und ist gleich danach, furchtbar erschrocken darüber, was er angerichtet hatte, weggelaufen? Hätte er zur Tatbegehung mehr Zeit zur Verfügung gehabt, kämen ja noch andere Tatmotive ins Spiel. Vielleicht auch sexuelle?

Oberleutnant der VP Gueffroy kam am 15. Januar 1965 in einem Protokoll mit dem Titel *Zeitgemäße Überprü-*

fung der vom Täter beschriebenen Wegstrecke von der Pettenkoferstraße bis zum Tatort und zurück, das dürfen wir hinzufügen, zu einem etwas anderen Ergebnis. Er rechnete die Fahrt vom Taxihaltestand Café *Warschau* zur Wohnung des Täters mit fünf Minuten ein und kam »bei einer gesamten Zeitaufrechnung auf 70 Minuten im Höchstfall. Damit ist auch erwiesen, dass Steeger zeitmäßig in der Lage war, die Wegstrecke zu bewältigen in einer Zeitspanne, die sich durch die Aussagen der Zeugen herausgeschält hat«, schrieb der Kriminalist.

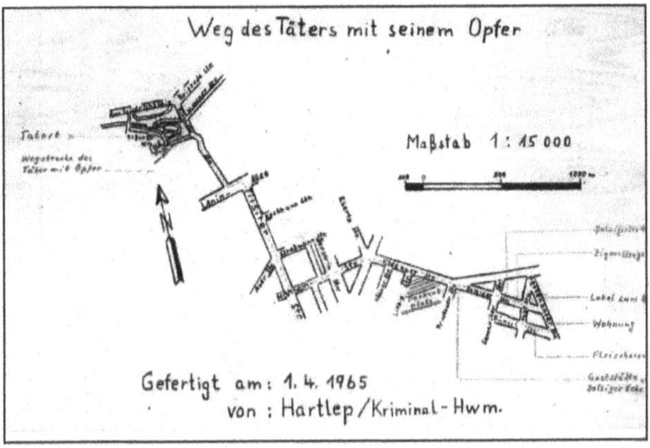

In einem handschriftlichen Geständnis vom 16. Dezember 1964 beteuerte Walter Steeger jedenfalls, seine Stieftochter nicht gehasst zu haben. Ja, er habe sie sogar gerngehabt. Er schrieb:

Man warf mir noch vor, ich habe mich an Monika vergangen. Ich kann dazu nur sagen, es ist nicht wahr. Das ist alles die reine Wahrheit. Ich habe meine Tat bereut, und auch heute und immer werde ich meine Tat bereuen. Ich würde alles geben, um das wieder rückgängig zu machen. Ich habe erst jetzt bemerkt, wie gern ich Monika habe und wie schlecht ich gehandelt habe, ich bitte um mildernde Umstände. (...) Ich kann nur sagen, ich bereue, wie nur ein Mensch bereuen kann. Ich bitte das Gericht, mich nicht zu hart zu bestrafen. Ich war mir nicht bewusst, was ich mache. Als ich es gemerkt habe, war es zu spät. Ich liebe meine Frau über alles, und darum muss ich es wohl gemacht haben, um keinen Streit mehr zu haben. Ein anderes Motiv gibt es nicht. Ich habe Monika nicht gehasst. Das ist die reine Wahrheit.

In weiteren Beschuldigtenvernehmungen versuchten dann Oberleutnant der VP Gueffroy und Leutnant der VP Nobst, noch mehr Licht in das Dunkel des Falles zu bringen. Das Protokoll umfasst 27 Schreibmaschinenseiten. Zitate aus dem Protokoll haben wir wieder *kursiv* gesetzt.

Zur Person des Täters können wir lesen, dass er im Berliner Osten, in Hohenschönhausen in der *Kolonie Land und Sonne*, seine Kindheit im Wesentlichen bei der Großmutter erlebte. Seine Mutter lernte er erst kennen, als er schon zur Schule ging, weil sie wegen Einbruchsdiebstählen eine Haftstrafe zu verbüßen hatte. Auch zu seinem Vater bestanden fast keine Kontakte.

Im Gegensatz zu seinen Eltern und seiner Schwester war Walter Steeger nicht vorbestraft. Seine Mutter war wegen Diebstahls, Einbruchs, Unterschlagung, Urkundenfälschung usw. polizeilich auffällig geworden. *Da kommt eine ganze Menge zusammen.* Sein leiblicher Vater kam 1949 aus der Gefangenschaft. Er wüsste aber nicht, dass seine Mutter einen leichten Lebenswandel geführt habe. *Sie war nur auf Raubzüge aus, sie hat die Verbrecherbahn eingeschlagen.* Ihm war jedoch nicht bekannt, dass sie viele Männerbekanntschaften gehabt hätte.

Er erlernte beim VEB Hochbau Friedrichshain das Maurerhandwerk. Eine kurze Zeit (1. April 1957 bis 31. August 1957) war Walter Steeger sogar Angehöriger der Deutschen Volkspolizei, schied aber wegen Nichteignung schnell wieder aus. Er war sogar einmal Kandidat der SED.

Als Wanderer zwischen den Welten lebte er in West- und in Ostberlin. In seiner Westberliner Zeit (von Januar 1961 bis 1963) hatte er insgesamt sieben Arbeitsstellen, und das in 36 Monaten. Der Fleißigste und Zuverlässigste war er dort sicher nicht gewesen.

In Westberlin wohnte er bei seiner Mutter, die ein Lokal in der Swinemünder Straße besaß. Dort lernte er Michaela kennen, und er heiratete sie. Die damals fünf Jahre alte Monika behandelte er, laut Protokoll, wie sein eigenes Kind, das im März 1962 geboren wurde, aber einige Monate später an akuter Magen- und Darminfektion in der Steegerschen Wohnung verstarb. *Ich musste den Tod der Polizei melden und erhielt einige Tage darauf die Freigabe der Leiche. Mir ist auch bekannt, dass die Leiche seziert wurde.*

Ein Jahr später wurde sein Sohn Christoph geboren, und Ende 1963 siedelte die Familie in die Hauptstadt der DDR über. Walter Steeger hinterließ in Westberlin 1.500 DM Schulden, und das war wohl auch der wirkliche Grund, warum er in die DDR kam.

Wieder in Ostberlin lebend, erhielt die Familie die Wohnung in der Pettenkoferstraße; noch im Bezirksheim Weißensee, wo die Übersiedler zunächst untergebracht waren, wurde Michael geboren. Bis Oktober 1964 war Walter Steeger beim schon erwähnten BMHW beschäftigt; auch dort erhielt er die Kündigung, weil er angeblich laufend Meinungsverschiedenheiten mit dem Meister hatte. *Die Abteilungsleiterin Inneres beim Rat des Stadtbezirks Friedrichshain führte nach meiner Entlassung aus dem BMHW eine Aussprache mit mir. Sie erklärte mir, dass ich letztmalig eine Arbeitsstelle erhalte. Sollte ich diese Arbeitsstelle durch eigenes Verhalten verlieren, wird für mich eine Arbeitserziehung ausgesprochen.*

Michael verstarb tragischerweise ebenfalls in der Steegerschen Wohnung, und zwar im Juli 1964. *Als Todesursache wurde Speisebreiaspiration festgestellt. Soviel mir bekannt ist, hatte er auch etwas am Magen.*

Auf den Vorhalt, dass der Zeuge Rosenbaum ausgesagt habe, dass Walter Steeger an seiner Stieftochter sexuelle Manipulationen vorgenommen habe und Monika dabei auch das Geschlechtsteil des Beschuldigten berührt haben soll, entgegnete Walter Steeger: *Meiner Frau hatte ich damals schon gesagt, dass das Unsinn ist, und sie veranlasst, in meinem Beisein Monika nochmals zu befragen. Ich habe meiner Frau gegenüber offengelassen, dass ich versehentlich beim Spielen mit Monika an ihr Gesäß gekommen sein kann. Ein bewusstes Anfassen ihres Geschlechtsteils muss ich jedoch genauso bestreiten wie die Angabe, dass ich sie veranlasst hätte, an meinem Geschlechtsteil anzufassen.*

Monika hatte nach dem Tod Michaels ihrer Mutter erzählt, dass der Papa ein Kissen auf das Kind gelegt hatte, weshalb Walter Steeger vorgehalten wurde, ob er nicht doch eine gewisse Schuld am Tode des Kindes trage, die er aber strikt von sich wies. *Als der Micha bereits tot war und der Tod auch von der Ärztin festgestellt war, habe ich die Leiche mit einem Tuch bedeckt. Es kann aber auch sein, dass Monika hörte, wie ich meiner Frau schilderte, dass ich dem Micha am Vormittag eine Flasche gab, ihn ins Bett legte und mit einem Kissen zudeckte. Er wurde ja immer mit einem Kissen zugedeckt. Vielleicht hatte Monika dabei nur halb hingehört und deshalb etwas verdreht.*

Natürlich kam auch der Vorwurf von Herrn Rosenbaum zur Sprache, dass Walter Steeger an einem Verfolgungswahn leide, wie der Zeuge in seiner Vernehmung geschildert hatte. *Es stimmt, dass ich an diesem Tage von Rosenbaums nach Hause begleitet wurde. Ich war aber nicht so betrunken, dass die mich hätten nach Hause bringen müssen. Rosenbaums wollten nur verhindern, dass ich noch in weitere Gaststätten gehe. Mir ist noch in Erinnerung, dass es zuerst Unstimmigkeiten wegen meines Geldes gab, doch konnte dieser Punkt sehr schnell aufgeklärt werden. Meine Frau war böse, weil ich so viel Geld ausgegeben hatte und so spät nach Hause kam. Aus Scherz habe ich dann zu ihr gesagt, dass sie mich wohl umbringen will.*

Die wichtige Frage, zu welchem Zeitpunkt des 10. Dezember 1964 Walter Steeger den Entschluss fasste, seine Stieftochter zu töten, stand nun im Raum, und der Vernommene kreiste lange um die Wahrheit, bis er sich ihr vorsichtig näherte. Warum verließ Walter Steeger die Wohnung, nachdem es einen heftigen Streit gegeben hatte, weil er keine Kohlen beschafft hatte? *Ich kann es mir nur so zusammenreimen, dass in dem Streit mit meiner Frau auch Monika eine Rolle spielte und dabei in mir der Plan reifte, Monika umzubringen.*

Wir wissen schon, dass es beim Urinieren im Hausflur der Dolziger Straße 40/41 nicht ganz klappte. Aber stimmt die Geschichte, dass Walter Steeger hinter einem Häuschen am Forckenbeckplatz sein Geschäft verrichtete? Nein. *Endgültig ausgemacht habe ich mich dann in dem Lokal am Forckenbeckplatz. Ich ließ Monika draußen warten, bestellte mir im Lokal für mein letztes Geld ein Glas Bier, trank es dort an und verschwand auf der Toilette. Dort im Lokal kam mir dann der Gedanke, die Monika umzubringen. Wo ich das tun würde, wusste ich nicht. Ich dachte lediglich bei mir, wenn du jetzt Monika etwas antust, merkt das kein Mensch, dann hören auch die Streitigkeiten auf und alles ist wieder in Ordnung. Ich meine damit, dass dann endlich wieder Frieden zu Haus mit meiner Frau ist. Als ich dann aus dem Lokal herauskam, fragte mich Monika, ob der dortige Platz der Märchenbrunnen sei. Durch diese Frage kam ich auf den Gedanken, mit der Monika in den Friedrichshain zu gehen und sie dort zu töten.*

(…) Unterwegs hatte ich mir nur überlegt, dass es das Beste wäre, Monika zu erwürgen. Ich war nur noch von dem einzigen Gedanken besessen: Jetzt machst du es und dann hast du Ruhe … Ich wollte auch immer, dass sie neben mir stand, habe mich aber nicht getraut, es mit den Händen zu tun. Dabei fiel mir dann ein, dazu den Gürtel zu nehmen … Ich habe dann meinen Gürtel vom Mantel abgemacht und ihr über die Schulter gelegt. Ich weiß aber

nicht mehr, über welche Schulter. Ich glaube, sie hat das nicht einmal gemerkt. Als ich oben mit der Monika stand und ihr schon den Gürtel über die Schulter gelegt hatte, erkannte ich plötzlich in den Büschen einen Pfad. Ein öffentlicher Weg ist das aber nicht. Zu Monika sagte ich: ›Komm, wir kürzen uns den Weg ab, wir gehen nach Hause.‹ Dann bin ich vorgegangen, und Monika folgte mir. Ich ging zu diesem Pfad und musste mich bücken, um unter den Büschen hindurchzukommen. Ich weiß, dass dann plötzlich ein Absatz kam. Ich bin diese Abstufung noch hinuntergestolpert, ohne sie vorher erkannt zu haben. Ich kann nicht einmal sagen, wie hoch diese Abstufung war. Nachdem ich diese Abstufung heruntergestolpert war, blieb ich in gebückter Haltung stehen. Ich drehte mich um, fasste Monika an die Hände, und sie sprang zu mir herunter. Dadurch kam sie vor mir zu hocken. Dabei fasste ich um sie herum, ergriff das vorn herunterhängende Ende des Gürtels und erfasste mit der anderen Hand das nach hinten hängende Ende. Dann zog ich die beiden Enden zusammen. Monika machte nicht einen Laut, sondern nur den Ansatz, als ob sie hoch wollte, und fiel dann nach vorn über. Durch das Hinfallen rutschte mir das eine Ende des Gürtels aus der Hand. Ich hab das Ende gleich wieder ergriffen und musste mich nun niederknien bzw. niederhucken. Beim weiteren Zuziehen habe ich ein Knie auf Monikas Rücken oder Seite abgestützt. Ich weiß das aber nicht hundertprozentig … Ich weiß, dass beim weiteren Zuziehen Monika mit den Beinen etwas scharrte. Als ich das scharrende Geräusch hörte, sah ich mich noch um. Da erkannte ich, dass sie mit ihrem Schuh scharrte und plötzlich aufhörte. In diesem Augen-

blick kam mir zu Bewusstsein, was ich da mache, und ließ nun den Gürtel los. Ich drehte Monika um, so dass sie nun auf dem Rücken zu liegen kam. Da sah ich, dass es an ihrem Mund dunkel war. Es sah aus wie Blut. Ich habe ein Ohr auf ihre Brust gelegt, um zu hören, ob ihr Herz noch schlägt. Ich habe aber nichts gehört, sondern nur gemerkt, wie mein Herz arbeitete, als wenn jemand neben mir steht und auf die Trommel haut. Ich habe noch ihre Hand und ihren Puls angefasst und auch dort nichts bemerkt. Ich habe zu viel gezittert. Beim Umdrehen der Monika hatte ich schon den Gürtel von ihrem Hals gelöst. Der Gürtel lag noch unter ihrem Kopf.

Ich überlegte, was ich nun tun könnte. Ich wusste nicht, was ich tun sollte. Ich war überzeugt davon, dass Monika tot ist. Trotzdem habe ich hinterher Angst gehabt, dass sie vielleicht doch nicht tot ist, andere Leute darauf aufmerksam werden, indem Monika brüllt oder irgendetwas anderes macht, die Sache herauskommt und die Polizei mich holt.

(...) Mir fiel nun ein, dass ich ja den Gürtel nicht liegenlassen kann. Er gehörte ja zum Mantel, und jeder Laie hätte feststellen können, dass dieser Gürtel zu meinem Mantel gehörte. Was ich eben von dem Gürtel gesagt habe, stimmt nicht. Mir ging es darum, den Gürtel für meinen Mantel zu haben. Ohne Gürtel kommt mir der Mantel vor wie ein Hemd ohne Knöpfe.

(...) Auf dem letzten Stück des Weges muss ich den Speck weggeworfen haben. Warum ich den Speck wegwarf, weiß ich nicht, ich hätte ihn genauso gut mitnehmen können, denn das Portemonnaie hatte ich ja noch bei mir. Ich weiß, dass ich in der Friedenstraße in der Nähe des Leninplatzes

aus dem Park kam. Ich bin die Friedenstraße dann weitergerannt bis zur U-Bahn Marchlewskistraße. Als ich in der Höhe des Gartenlokales des Cafés Warschau war, fiel mir ein bzw. merkte ich beim Durchsuchen der Taschen, dass ich kein Geld mehr hatte. Ich überlegte, was zu tun sei. Dabei fiel mir ein, dass ich recht schnell nach Hause müsste, um den Verdacht von mir ablenken zu können.

(...) In die Wohnung zurückgekehrt, erzählte ich dann meiner Frau, dass ich mit der Monika bis zum Forckenbeckplatz spazieren war. Ich erzählte ihr auch, dass ich im Hausflur austreten war, nur erwähnte ich nicht die Gaststätte.

Dann erzählte Walter Steeger sehr ausführlich, wie er auf die Idee kam, das Märchen vom Verschwinden der Monika zu verbreiten, als er hinter dem Häuschen seine Notdurft verrichtete. Als er mit seiner Frau auf Suche war, trennte er sich unter einem Vorwand, denn ihm war nun doch klar geworden, dass der Gürtel ihn verraten könnte. Er warf ihn auf das abgeräumte Ruinengrundstück in der Pettenkoferstraße, wo er ja dann auch gefunden wurde. Michaela Steeger drängte ihn nun, zur Polizei zu gehen. *Ich hatte mich inzwischen so weit beruhigt, dass ich auf dem Polizeirevier meine Angaben machen konnte, ohne dass man mir meine Erregung anmerkte.*

(...) Obwohl ich in jeder Weise bestrebt war, auch bei meiner Frau keinen Verdacht gegen mich aufkommen zu lassen, musste ich doch einige Male feststellen, dass ich mich laufend bei ihr verraten habe. Meine Frau hätte eigentlich merken müssen, dass ich mehr weiß, als ich ihr sagte, und dass ich damit etwas zu tun gehabt habe. Wiederholt habe ich davon gesprochen, dass ich fürchte, der Monika

ist mit meinem Gürtel ein Leid zugefügt worden. Ich habe ihr auch gesagt, dass Monika eventuell im Friedrichshain hängt bzw. liegt. Weiterhin sprach ich auch davon, dass Monika jetzt eventuell als Stern am Himmel leuchtet und sich amüsiert und lacht, wie wir sie jetzt suchen. Ich wollte einesteils meine Frau darauf vorbereiten, dass Monika tot ist, wenn man sie auffindet. Auf der anderen Seite war ich darauf bedacht, jeden Verdacht von mir selbst abzulenken. Als meine Frau mir dann sagte, dass an Monika eventuell ein Sittlichkeitsverbrechen verübt worden sei und Monika vielleicht nach ihr gerufen hat, wollte ich sie damit beruhigen, indem ich ihr sagte, dass Monika nicht gerufen hat.

Ich habe einen großen Teil des nächsten Tages in der Gaststätte »Zum Bären« zugebracht. Dort wollte ich meine Angst mit dem Bier beseitigen. Als wir dann von der Gaststätte in die VP-Inspektion geholt wurden, war ich der Meinung, dass man Monika gefunden habe und dass nun alles rausgekommen ist. Trotzdem habe ich in der abschließenden Zeugenvernehmung noch immer nicht den Mut zur Wahrheit gefunden. Erst als ich merkte, dass mein weiteres Leugnen sinnlos ist, sagte ich die Wahrheit.

(…) Ich bin mir im Klaren darüber, dass meine Handlungsweise sehr verabscheuungswürdig ist und dass ich mit einer harten Strafe zu rechnen habe. Sollte ich meine Schuld in Form einer langen Freiheitsstrafe abtragen können, so werde ich alles gutwillig verrichten, was mir hilft, einen Teil der Schuld abzutragen.

Das Gesamtprotokoll wurde am 14. Dezember 1964 um 14.30 Uhr geschlossen und von Walter Steeger gelesen, genehmigt und unterschrieben.

An dieser Stelle unseres Berichts kommt nun der psychiatrische Gutachter ins Spiel, denn das Gericht benötigte eine Aussage darüber, ob Walter Steeger überhaupt zurechnungsfähig war oder ob es Umstände gab, die die strafrechtliche Verantwortlichkeit gemäß § 51 StPO der DDR minderten.

Die Abteilung Forensische Psychiatrie der Nervenklinik der Charité der Humboldt-Universität zu Berlin hatte einen exzellenten Ruf und erhielt den Auftrag, ein psychiatrisches Gutachten zu erarbeiten. Als Sachverständiger wurde Dozent Dr. Dr. habil. Hans Szewczyk (1923–1994) bestellt, damals Oberarzt und Leiter der Abteilung für Gerichtspsychiatrie. Die wesentlichen Aussagen dieses Gutachtens vom März 1965 werden im Folgenden wiedergegeben.

Zur alkoholischen Beeinflussung zum Zeitpunkt der Tat führte der Gutachter wörtlich aus: *Wir kommen … zu dem Ergebnis, dass der Alkohol evtl. enthemmend gewirkt haben kann und damit die Steuerungsfähigkeit verringert hat. Es handelt sich hierbei aber um keine erhebliche Verringerung der Steuerungsfähigkeit und um keine Verringerung der Einsichtsfähigkeit.*

Insgesamt kam Dr. Dr. Szewczyk zu dem Ergebnis, dass bei Walter Steeger keine Anhaltspunkte dafür vorlagen, dass seine strafrechtliche Schuld gemindert war: *Nach Ansicht des Gutachters hat die Jugend des Mannes eine Disposition und damit eine Bereitschaft zu dieser Tat geschaffen und der genossene Alkohol wahrscheinlich eine Enthemmung begünstigt. Es bestand jedoch weder eine Geistesschwäche noch eine krankhafte Störung der Geis-*

testätigkeit. Die Bewusstseinsstörung zur Zeit der Tat war nicht so erheblich, dass die Einsichts- und Steuerungsfähigkeit dadurch erheblich vermindert worden wäre.

Darüber hinaus hält es der Gutachter für möglich, dass von dem Angeklagten Tatteile oder das Tatmotiv noch verschwiegen werden. Bei der besonderen Form der Persönlichkeit des Mannes wird es jedoch kaum möglich sein, von ihm in dieser Hinsicht Angaben zu bekommen, wenn man ihm nicht durch die Ermittlungsbehörde in dieser Hinsicht starke Vorhalte machen kann.

Über die WDR-Produktion *Mord in Eberswalde* (Erstausstrahlung Januar 2013, Wiederholung August 2015), die den Fall des Serienmörders Erwin Hagedorn (DDR, Ende 1971 verhaftet) ideologisch verwurstet, wird verschiedenen Pressemitteilungen zufolge gesagt, der Regisseur Stephan Wagner habe einen Film gedreht »über einen Mord, der von einem Staat begangen wurde«. Gemeint ist damit wohl, dass der Mord an dem dritten Jungen Ronald Winkler hätte verhindert werden können, weil er »ohne ideologische Verbohrtheit« wahrscheinlich zu retten gewesen wäre. Weil das natürlich hanebüchener Unsinn ist, hat der Film berechtigterweise den Grimme-Preis 2014 in der Kategorie »Fiktion« gewonnen.

Richtig ist, dass zunächst zwei Jahre mit großem Einsatz erfolglos ermittelt worden war. Richtig ist auch, dass es einen Hinweis auf den wirklichen Täter gab. Ein Abschnittsbevollmächtigter (ABV) der Volkspolizei wurde von den Eltern eines Kindes auf Auffälligkeiten im Verhalten Erwin Hagedorns (Grobheiten und Berührungen der Kinder beim Spielen auf dem Hof) aufmerksam gemacht.

Leider hatte der ABV es versäumt, diesen Sachverhalt zu melden. Ob man dann Erwin Hagedorn schneller auf die Spur gekommen wäre, scheint aber fraglich zu sein.

Erst ein Täterprofil von Prof. Dr. Dr. Hans Szewczyk vom Oktober/November 1971, nunmehr schon Ordinarius für Gerichtliche Psychiatrie an der Charité der Humboldt-Universität zu Berlin, wies den Weg zu Erwin Hagedorn, wobei der Psychiater Analogien zum Kirmesmörder Jürgen Bartsch, der in Langenberg bei Wuppertal vier Jungen bestialisch tötete, herausarbeitete.

Szewczyk war mit dieser Täterversion (vermutlich) der erste moderne Profiler der Welt, wie Dr. med. Stefan Orlob, Oberarzt im Klinikum Stralsund, Forensische Psychiatrie, im Jahr 2001 in der Zeitschrift *Archiv für Kriminologie* herausgefunden hatte. Die Methode wurde dann später in den USA zu neuem Ruhm entwickelt. »Der Begriff ›Profiler‹ wird im Allgemeinen mit dem FBI assoziiert«, schreibt Stefan Orlob. »Seit gut zwei Jahrzehnten gibt es zu dieser Thematik eine Vielzahl von Veröffentlichungen aus dem anglo-amerikanischen Sprachraum; darin wird die Tätigkeit von Psychiatern und Psychologen als Profiler in spektakulären Verbrechensfällen beschrieben.« Also lange nach dem ersten wissenschaftlich begründeten Täterprofil von Hans Szewczyk.

Auch deshalb ist es ideologisch schon ziemlich verbohrt, von einem »Mord durch die DDR« zu sprechen, zumal die westdeutschen Kollegen damals noch überhaupt nicht wussten, was ein wissenschaftlich fundiertes Täterprofil ist. Szewczyk sah es damals vielleicht selbst noch nicht so …

Und sechs Jahre zuvor hatte der nun berühmt gewordene Psychiater den Täter Walter Steeger exploriert, untersucht und festgestellt, dass jener möglicherweise Tatteile verschwieg und auch zum Motiv nicht die Wahrheit sagte. Wir wollen sehen, ob die Gerichtsverhandlung den Fall weiter aufklären konnte und Hans Szewczyk auch in diesem Fall recht behielt.

Bevor das gerichtliche Hauptverfahren stattfinden konnte, schrieb Oberleutnant der K Gueffroy (nicht mehr der VP, die Kriminalpolizeidienstgrade waren eingeführt worden) einen vortrefflichen Schlussbericht, datiert vom 6. April 1965, auf dessen Grundlage Staatsanwalt Miltz am 7. April 1965, also einen Tag (!) später, die Anklageschrift formulierte: »Der Beschuldigte ist geständig. Er hat sich somit des Mordes, den er aus niedrigen Beweggründen und heimtückisch beging, gemäß § 211 StGB schuldig gemacht ... Es wird beantragt, das Hauptverfahren zu eröffnen ...«

Daraufhin beschloss das Stadtgericht von Groß-Berlin, Strafsenat 2 a, am 25. Mai 1965 die Eröffnung des Hauptverfahrens.

Am 8. Juli 1965 begann der Strafprozess gegen Walter Steeger wegen Mordes. Am nächsten Tag berichteten zahlreiche Zeitungen mit einer klassenkämpferischen Note über diesen spektakulären Kriminalfall, zum Beispiel die *National-Zeitung*:

"National-Zeitung" vom 9.7.65

Staatsanwalt beantragt lebenslänglich

Prozeß gegen Kindesmörder / Grausames Verbrechen in Friedrichshain wird gesühnt

Vor dem Strafsenat 2 a des Berliner Stadtgerichts begann gestern unter Vorsitz von Oberrichter Wüstneck der Prozess gegen den 26-jährigen Walter Steeger. Er ist angeklagt, am 10. Dezember 1964 seine achtjährige Stieftochter Monika im Volkspark Friedrichshain erwürgt zu haben. Der Angeklagte ist geständig und nannte als Motiv für das abscheuliche Verbrechen, er habe Monika beseitigt, weil sie ihm hinsichtlich seiner Beziehungen zu seiner damaligen Ehefrau – er ist unterdessen geschieden – im Wege war.

Der seit Jahren einmalige Kindesmord konnte von den Organen der Volkspolizei bereits innerhalb von 24 Stunden durch die tatkräftige Unterstützung der Bevölkerung aufgeklärt werden.

Beim Angeklagten Steeger – er ist das Kind einer Prostituierten und eines Zuhälters – handelt es sich um einen gefühlskalten, haltlosen und dem Alkohol ergebenen Menschen. Wie die Vernehmung zur Person ergab, wechselte er fortwährend seine Arbeitsstellen und blieb nach ausgedehnten Zechgelagen öfter mehrere Tage der Arbeit fern. Steeger hat das Verbrechen im vollen Bewusstsein heimtückisch und vorsätzlich begangen. Er erfüllte damit voll inhaltlich den Tatbestand des § 211 StGB. In seinem Plädoyer beantragte Staatsanwalt Miltz für den Angeklagten Steeger lebenslanges Zuchthaus. Die Verhandlung wird heute mit der Urteilsverkündung abgeschlossen. Wir berichten noch ausführlich über den Prozessverlauf. ***J. H.***

In seiner öffentlichen Sitzung am 8. und 9. Juli 1965 hatte der Strafsenat 2a des Stadtgerichts von Groß-Berlin unter dem Vorsitz von Oberrichter Wüstneck für Recht erkannt: »Der Angeklagte Walter Steeger wird wegen Mordes (§ 211 StGB) unter Aberkennung der bürgerlichen Ehrenrechte zu lebenslangem Zuchthaus verurteilt. Die Auslagen des Verfahrens hat der Angeklagte zu tragen.«

Bei den Urteilsgründen wurde zur Tat ausgeführt: »Als ihm nunmehr beim Verlassen der Gaststätte das auf der Straße wartende Kind die Frage nach dem Märchenbrunnen, einer Anlage im Friedrichshain, stellte, war er sofort bereit, die kindliche Neugier bzw. das kindliche Interesse in seine jeder Menschlichkeit hohnsprechende Planung einzubeziehen. Er nahm das Kind bei der Hand und strebte mit schnellen Schritten, die das kleine Mädchen zwangen, den Erwachsenen im Laufschritt zu begleiten, dem zu dieser Zeit in Dunkelheit liegenden Volkspark Friedrichshain zu. Das Kind ging das Tempo des Angeklagten in großer Bereitwilligkeit mit, weil es sich ja davon nach seinen Vorstellungen ein Erlebnis, das darin bestand, den Märchenbrunnen kennenzulernen, versprach.«

Hans Szewczyk sollte recht behalten. Der gerichtsmedizinische Sachverständige Dr. med. Haferland hatte in seiner Vernehmung vor Gericht präzisiert, dass die Unterblutungen am Rücken des Kindes durch einen Druck entstanden sein müssen. Ein Tatdetail, das Walter Steeger bisher nur als eine vage Möglichkeit eingeräumt hatte. In seiner Vernehmung am 12. Dezember 1964 beschwor er fast ein Versehen, wenn er aussagte: »Hierbei kann es möglich sein, dass ich mich mit einem Knie auf dem Rücken der Monika aufstützte.« In der Beschuldigtenvernehmung vom Januar 1965 gab er sich, wie wir bereits wissen, ebenfalls reichlich unwissend: »Beim weiteren Zuziehen habe ich ein Knie auf Monikas Rücken oder Seite abgestützt. Ich weiß das aber nicht hundertprozentig.«

In der Urteilsbegründung lesen wir dagegen (Hervorhebung durch die Verfasser): »Das Kind bewegte sich nur schwach mit den Füßchen und blieb dann reglos auf dem Bauch liegen. Der Angeklagte hatte dadurch, dass er dem Kind die Luftzufuhr abschnitt, dessen Tod herbeigeführt. **Während des Erdrosselns hat er dem Kind ein Bein in den Rücken gestemmt, um dadurch eine größere Wirkung beim Zusammenziehen des Gurtes um den Hals des Kindes zu erzielen.**«

Was seine Eltern betrifft, so sagte Walter Steeger nach dem Protokoll der Gerichtsverhandlung aus, dass er erst im Ermittlungsverfahren gehört habe, dass seine Mutter eine Prostituierte gewesen sei. Von seinem Vater wusste er, dass er ein Zuhälter war und deswegen ins KZ gekommen war.

Und abschließend lesen wir: »Nach all dem war der Senat außer Stande, wie von der Verteidigung angeregt, die Straftat des Angeklagten in rechtlicher Hinsicht milder zu bewerten. Es war vielmehr der Auffassung, der Staatsanwaltschaft beizupflichten und den Angeklagten wegen Mordes zur Verantwortung zu ziehen. Für dieses schwere Verbrechen, das aufgrund des hohen Standes der gesellschaftlichen Entwicklung in unserer Republik nicht typisch ist und demzufolge im Verhältnis zu Westdeutschland unsere Gerichte auch nur selten beschäftigt, droht das Gesetz grundsätzlich die Todesstrafe an. Nur in Ausnahmefällen sieht das Gesetz den Ausspruch einer lebenslangen Zuchthausstrafe vor, wobei davon auszugehen ist, dass sich derjenige, der eine derartig allen Prinzipien der Menschlichkeit zuwiderlaufende Straftat begeht, durch sein Verbrechen selbst außerhalb der Gesellschaft stellt. In Anbetracht der Einflüsse, die die gesamte Entwicklung des Angeklagten insbesondere in seiner frühesten Jugend beeinträchtigen und für die der Angeklagte selbst auch nicht unter dem Gesichtspunkt verantwortlich gemacht werden kann, dass er in gereifterem Alter nicht die richtigen Schlussfolgerungen für die spätere Gestaltung seiner Lebensführung zog, hielt es der Senat für gerechtfertigt, dem staatsanwaltschaftlichen Antrag folgend nicht die Todesstrafe auszusprechen, sondern auf eine lebenslange Zuchthausstrafe zu erkennen.«

Ein weises Urteil.

Bevor das Urteil gesprochen wurde, hatte Walter Steeger aber das letzte Wort: »Ich weiß, dass ich ein schweres Verbrechen begangen habe. Ansonsten habe ich nichts zu sagen.«

Aber wir haben noch etwas zu sagen. Warum hatte Lothar Ottmann schon in der Zeugenvernehmung am 11. Dezember 1964 den Verdacht, dass Walter Steeger seine Stieftochter mit dem Mantelgürtel erdrosselte? Hatte ihn das Gefühl gelenkt?

»Untersuchungsintuition« ist der Fachbegriff für dieses Phänomen, das eine Seite der gedanklichen Arbeit treffend beschreibt. Wir kennen es alle aus der Kriminalliteratur: Der Ermittler hat plötzlich und unerwartet einen genialen Einfall, der zum Täter und damit zur Aufklärung eines Verbrechens führt. Die Untersuchungsintuition, zugegebenermaßen kein schönes Wort, ist somit ein wesentliches Element des kriminalistischen Erkenntnisprozesses, das die unmittelbare, plötzliche Einsicht in Zusammenhänge und das spontane Finden von Problemlösungen beinhaltet. Die psychologischen Prozesse, die der Intuition generell zugrunde liegen, laufen nur teilweise bewusst ab. Sie beruhen vor allen Dingen auf Erfahrungen in der kriminalistischen Arbeit und auf sehr guten Fähigkeiten in der Bewertung von komplexen Sachverhalten. Dem intuitiven Denken als einem wichtigen Moment der gedanklichen Arbeit des Kriminalisten geht in der Regel eine intensive Beschäftigung mit einem Problem voraus. Es wird durch Anschauungen, die Assoziationen hervorrufen, angeregt. Die durch die Untersuchungsintuition scheinbar plötzlich gewonnene Erkenntnis, die für Außenstehende häufig zu einer überraschenden und verblüffend zutreffenden Lösung führt, besitzt Hinweischarakter, ist also kein Beweis. Das ist ganz wichtig zu wissen.

Zusammengefasst kann die Intuition folglich als der scheinbar plötzliche Einfall, der »glückliche Gedanke«, oft durch Assoziationen hervorgerufen, kurz und knapp definiert werden. Der Kriminalist sollte über ein großes Fachwissen verfügen, aber immer auch ein guter intuitiver Denker sein.

Und darüber verfügten die Kriminalisten eben, als sie Walter Steeger zeugenschaftlich vernahmen. Das ist aber nur eine Erklärung. Aus den Akten konnten wir leider nicht entnehmen, ob es eine taktische Maßnahme war, ihn erst einmal als Zeugen zu vernehmen und »abzuklopfen«, denn die Leiche war am Vormittag ja gefunden worden, und die Friedrichshainer Kriminalisten waren nachweislich am Fund- und Tatort. Es könnte aber auch so gewesen sein, dass die Ermittlungsrichtungen tatsächlich, aus welchem Grund auch immer, parallel verliefen und erst nach Steegers Zeugenvernehmung die Informationen zusammengetragen wurden.

Aus dem SV-Überwachungsheft der Staatsanwaltschaft von Groß-Berlin (Aktenzeichen der Verwaltung Strafvollzug SV 2284.65) geht hervor, dass Walter Steeger am Tag der Urteilsverkündung, am 9. Juli 1965, nach 210 Tagen Untersuchungshaft in die Vollzugsanstalt Berlin I eingeliefert worden ist, und zwar in die Kategorie I. Das hatte der Strafsenat 2 a des Stadtgerichts von Groß-Berlin am 9. Juli 1965 beschlossen, und zwar aus folgenden Gründen: »Der Angeklagte wurde zu lebenslangem Zuchthaus verurteilt, weil er seine achtjährige Stieftochter heimtückisch und aus niedrigen Beweggründen vorsätzlich getötet hat (§ 211 StGB). Dem Antrag der Staatsanwaltschaft folgend nahm der Senat die Einweisung des Verurteilten in die für derartige Strafen vorgesehene Kategorie I des Vollzuges vor, da keinerlei Anlass bestand, von der grundsätzlichen Regelung des Rechtspflegeerlasses (Zweiter Teil, siebenter Abschnitt II 2a III) abzuweichen.«

Durch eine Gnadenentscheidung des Staatsrates der DDR vom 1. Dezember 1980 wurde die weitere Verbüßung der Strafe erlassen und zum gleichen Zeitpunkt die Aberkennung der staatsbürgerlichen Rechte aufgehoben. Walter Steeger wurde am 26. Februar 1981 aus der Strafvollzugsanstalt Brandenburg entlassen, und zwar nach Berlin-Friedrichshain in die Niederbarnimstraße.

Nach der Haftentlassung kam das Leben von Walter Steeger erfreulicherweise in geordnete Bahnen. Dem Brief des Direktors des Volkseigenen Kombinats Berliner Verkehrsbetriebe (BVB), Graetsch, vom 6. Dezember 1986 an den Generalstaatsanwalt der DDR zufolge begann seine Tätigkeit im Kombinat am 9. März 1983, und zwar als Schlosser in der Abteilung Rationalisierungsmittelproduktion. Durch seine Kenntnisse und sein konstruktives Herangehen an die Lösung der Arbeitsaufgaben hatte er sich sehr schnell Achtung und Anerkennung in seinem Arbeitskollektiv erworben. Er qualifizierte sich als Schweißer und Schweißtechnologe, so dass er später als Oberschlosser und Schweißbeauftragter eingesetzt wurde. Die Aufgaben als Lehrfacharbeiter erfüllte er umsichtig, weil er ständig bemüht war, sein Wissen zu erweitern, zu vertiefen und an die Lehrlinge weiterzugeben. Walter Steeger war Mitglied des »Kollektivs der sozialistischen Arbeit«; für seine vorbildliche Arbeit wurde er mehrmals prämiert und am 1. Mai 1985 als *Aktivist der sozialistischen Arbeit* ausgezeichnet. Seit 1986 arbeitete er als gewählter Vertrauensmann der Gewerkschaft. Und aus dem Schreiben können wir auch entnehmen, dass Walter Steeger im November 1982 wieder heiratete.

Und was wollte der Kombinatsdirektor vom Generalstaatsanwalt? Gemäß § 34 Absatz 2 des Strafregistergesetzes der DDR stand ihm das Recht zu, anzuregen, dass die Strafe aus dem Strafregister der DDR getilgt wird. Damit waren auch alle gesellschaftlichen Organisationen des Kombinats einverstanden.

Der Generalstaatsanwalt der DDR bat nun am 29. Dezember 1986 den Generalstaatsanwalt von Berlin, Hauptstadt der DDR, um die Übersendung der Akte und um eine Stellungnahme zur vorliegenden Anregung des Kombinats BVB. Die Antwort kam prompt am 6. Januar 1987. Staatsanwalt Michaelis formulierte seine Ablehnung so: »In Anbetracht der Schwere des Verbrechens wird eine vorfristige Straftilgung nicht befürwortet; zumal nach Gnadenentscheidung des Staatsrates der DDR erst vor knapp 6 Jahren der weitere Vollzug der lebenslangen Freiheitsstrafe erlassen worden ist.«

Daraufhin teilte Staatsanwalt Neumeister von der Generalstaatsanwaltschaft der DDR allen Beteiligten mit, dass der Anregung auf vorfristige Straftilgung nicht entsprochen werden kann. Es gereicht aber dem Kombinatsdirektor Graetsch auch heute noch zur Ehre, dass er sich in dieser Weise für Walter Steeger eingesetzt hat. Es ging ihm, wie vielen anderen, nicht um Sühne, Rache und Stigmatisierung, sondern um eine ehrliche und bedingungslose Aufnahme in die Gesellschaft. Denn eigentlich gibt es gar keine Mörder, sondern nur Menschen, die einen Mord begehen …

Will man heute im Fach Historische Kriminalistik die Orte des Geschehens aufsuchen, so empfehlen wir dringend einen Besuch des Volksparks Friedrichshain in Berlin. Der Park hat zu jeder Jahreszeit einen unvergesslichen Reiz. Im Frühjahr erwacht der Park und bekränzt sich mit grüner Heiterkeit, im Sommer lärmen die Kinder voller Lebensfreude, im Herbst werden die Winde losgelassen, das Laub rieselt auf die Vergangenheit (die auch Entlastendes in sich bergen kann), und im Winter hält die Natur inne. Nach dem Dichter Khalil Gibran steckt in jedem Winter ein zitternder Frühling, und hinter dem Schleier jeder Nacht verbirgt sich ein lächelnder Morgen. Deshalb wäre es am besten, den Tatort in den Abendstunden des Mordtages, am 10. Dezember, aufzusuchen, an der dunklen Grenze von Herbst und Winter, weil wir uns dann mit dem Gedanken an einen lächelnden Morgen wieder auf den Weg machen können.

Der Tatort ist leicht zu finden. Wenn man Glück hat, trifft man am Tage drei freundliche Landschaftsgärtner, die ihrer Arbeit nachgehen oder auf einer Bank oben auf dem Kleinen Bunkerberg gerade eine Pause einlegen, und die sollte man fragen. Aber den entscheidenden Tipp, den sie uns gegeben haben, verraten wir natürlich: »Der Taxus, der hier auf dem Bild noch ganz klein ist, ist jetzt ein riesiger Baum. Und an dieser Stelle gehen Sie hinein und hoch, das werden Sie leicht finden. Von den alten Steinmauern stehen nur noch einige Reste. Auf dem unteren Weg am Krankenhaus Friedrichshain steht der Taxus.«

Die Eibe, wie der *Taxus baccata* auch heißt, ist schnell zu finden und im Spätsommer an den vielen roten kleinen Beeren zu erkennen. Man muss an diesem hochgiftigen Baum vorsichtig bergauf über verwunschene und verwit-

Panoramaaufnahme des Hanges vom unteren Weg parallel zum Krankenhaus Friedrichshain. Der Pfeil zeigt zum Fundort der Leiche. Unten rechts der noch kleine Taxus.
Aus der Fotodokumentation zur Tatortarbeit

terte Terrassen laufen, an den verfallenen Steinen vorbei. Es ist eine Wildnis, »wo die alten Spuren längst verschwundener Menschenkraft mit der ewig lebenden und fortwirkenden Natur sich in dem ernstesten Streit erblicken lassen«, wie sie Johann Wolfgang Goethe in seiner *Novelle* einmal dichterisch umschrieben hat. Er konnte damals (das Stück ist 1827 vollendet worden) ja nicht wissen, dass in dieser heutigen Wildnis im Friedrichshain in

Aufnahme des Hanges vom unteren Weg parallel zum Krankenhaus Friedrichshain. Links am Weg der Taxus nach 51 Jahren Wachstum. *Foto: Christian Beyer (18. November 2015)*

Berlin die Worte von der *verschwundenen Menschenkraft* noch eine ganz andere, sehr finstere Bedeutung haben.

Und an dem unmittelbaren Tatort, an dem vor über 50 Jahren Monika Steeger heimtückisch zu Tode gebracht wurde, sollte man inne halten wie die Natur im Winter. Wenn man dann für ein paar Sekunden irritiert ist, so liegt das daran, dass wir Menschen in solchen Situationen nicht entscheiden können, ob es der Engel des Lebens oder des Todes ist, dessen Hauch wir plötzlich im Nacken verspüren.

Die letzten Fragen. Wie ist es Walter Steeger im Leben nach dem Jahr 1986, in dem wir letztmalig von ihm Nachrichten erhielten, ergangen? Hat er es gemeistert? Konnte er einigermaßen glücklich leben, nach allem, was passiert war und was er angerichtet hatte?

Der Blutschorf der Seele, der bekanntlich hartnäckig klebenbleibt, so sehr man auch daran kratzt, wird niemals abfallen.

Tötungsdelikt Gisela G.

»Mein lieber Junge«, sagte der berühmte Sherlock Holmes, als er mit dem ebenso berühmten Dr. Watson in der Londoner Baker Street am Kaminfeuer saß, »Leben ist so unendlich viel seltsamer als alles das, was der menschliche Verstand erfinden könnte. Wir würden es nicht wagen, Dinge auszudenken, die das wirkliche Leben alltäglich bietet. Könnten wir jetzt aus dem Fenster fliegen und Hand in Hand über der großen Stadt schweben, heimlich die Dächer abheben und die Absonderlichkeiten erblicken, die unter ihnen vorgehen, die Zufälle, die Pläne, die Missverständnisse, die wundersamen Ketten der Ereignisse, welche Generationen durchziehen und in den ausgefallensten Ergebnissen enden – jede Dichtung mit ihren Konventionen und voraussehbaren Lösungen würde höchst abgeschmackt und unnütz erscheinen.«

Wir wollen solche wundersamen Ketten von Ereignissen untersuchen, die im Frühjahr 1971 im Osten Berlins in Gang gesetzt wurden, und damit auch der Frage nachgehen, ob das Leben so unendlich viel seltsamer und grausamer sein kann, als das, was sich mancher Autor ausdenken könnte.

Wir befinden uns in Berlin, der Hauptstadt der DDR, und zwar östlich des Müggelsees. Der Fall begann am 19. März 1971, an einem Freitag, damit, dass der Rentner Heino Kiebitz, Jahrgang 1897, wohnhaft in Rahnsdorf in der Fürstenwalder Allee, in den Wald ging, um sich über das vorhandene Knüppel- beziehungsweise Brennholz zu informieren, denn seine Wintervorräte waren nahezu verbraucht. Er wollte seine Lagerbestände auffüllen, die dann bis zum nächsten Winter im Schuppen genügend Zeit hatten, gut auszutrocknen.

An diesem Tag war er links und rechts des Hegemeisterwegs unterwegs, um nach Holz zu suchen. Er entdeckte einen vom Sturm niedergestreckten Baum, und er beschloss, sich in einer Woche diesen Baum zu holen. Der würde fast für den ganzen Winter ausreichen.

Nach ein paar Tagen war sich Heino Kiebitz nicht mehr sicher, ob der Baum noch vorhanden sei, und so fuhr er mit dem Fahrrad am 25. März 1971 zum Hegemeisterweg, nachdem er auf der Post seine Rente abgeholt hatte. Falls der Baum noch da wäre, wollte er ihn am 26. März 1971, wieder an einem Freitag, nach Hause holen.

Gesagt, getan. Der Baum lag noch da, und Heino Kiebitz sah sich weiter nach Holz um. Auf der linken Seite des Weges, vom Ortsteil Rahnsdorf aus gesehen, erblickte er eine frische Schuhspur, und es sah in der Tat so aus, als wenn jemand dort entlanggelaufen ist, wie auf einem Trampelpfad. Kiebitz, der früher in einer Chemiefabrik gearbeitet hatte, war nun neugierig geworden. Er folgte diesem Trampelpfad in den Wald hinein bis zu einer Stelle, die erhöht und mit Laub und Zweigen bedeckt war. Er bückte sich, weil er mit den Händen das Laub zur Seite bringen wollte, um herauszufinden, was denn Geheimnisvolles unter diesem Laubhügel liegt. Sein ganzer Körper erstarrte, denn er sah voller Entsetzen, dass am Rand des Laub- und Strauchwerkhaufens eine menschliche Hand bis zum Ansatz des Gelenks hervorlugte.

Aufnahme vom unmittelbaren Fundort der Leiche, die mit Laub und Zweigen abgedeckt ist.
Anlagekarte zum Tötungsverbrechen in Berlin-Rahnsdorf vom 4. April 1971 PdVP Berlin, Abt. K, Dez. IV, OEG/KT

Nach dieser Schrecksekunde war alles vergessen, der Baum, der Winter, die magere Rente, über die er sich immer wieder aufs Neue ärgerte. Er lief den Trampelpfad zurück, schwang sich aufs Fahrrad und fuhr zum nahe gelegenen VP-Revier in Rahnsdorf, wo er um 10.15 Uhr eintraf. Eine Viertelstunde lag seine schreckliche Entdeckung zurück!

Am selben Tag wurde Heino Kiebitz als Zeuge vernommen. Er erklärte, dass er nichts angefasst und keinerlei Veränderungen vorgenommen hätte und er auch nicht um den Laubhaufen herumgelaufen sei. In den Tagen zuvor war er wegen starken Regens dort nicht im Wald gewesen, zuletzt eben am 19. März 1971. Aber das hatte er ja schon zu Protokoll gegeben.

Als erstes traf der ABV Unterleutnant der VP Peter vom VP-Revier 246 am Fundort ein und überzeugte sich von den Feststellungen des Auffindezeugen. Es waren nicht nur ein Trampelpfad, sondern auch Schleifspuren erkennbar. Der ABV sah eine Hand und einen bestrumpften Fuß, die aus dem Laub- und Strauchwerkhaufen hervorragten. Der Unterleutnant war gut ausgebildet; er lief ungefähr zwei Meter links neben der Schleifspur in das Waldgelände hinein; diesen Weg hatte er durch das Auslegen von Zweigen markiert. Als Nächster traf ein Kriminalist am Fundort ein, nämlich Hauptmann der K Schuchardt, der Kommissariatsleiter III der VPI Köpenick. Auch er ging über diesen markierten Weg zum Fundort.

Am S-Bahnhof Rahnsdorf führt der Hegemeisterweg zum unmittelbaren Fundort der Leiche (Pfeil).
Anlagekarte zum Tötungsverbrechen in Berlin-Rahnsdorf vom 4. April 1971 PdVP Berlin, Abt. K, Dez. IV, OEG/KT

Nach diesen ersten Feststellungen wurde gegen 10.50 Uhr durch den K-Dienst im Präsidium der Volkspolizei die Morduntersuchungskommission alarmiert, die in großer Besetzung unter der Leitung von Hauptmann der K Heinz Kraft gegen 11.35 Uhr am Fundort in Rahnsdorf eintraf. Drei Sachbearbeiter und zwei Kriminaltechniker bildeten die Untersuchungsgruppe; dazu traf am Ort des Geschehens Kriminal-Obermeister Jäger ein, der Diensthundeführer des Dezernats IV, und zwar mit seinem Fährtensuchhund Nobby (Registrierungsnummer 7838). Der Fundort war weiträumig gesichert worden, der Hegemeisterweg zu beiden Seiten gesperrt.

Der Hegemeisterweg in Richtung Brücke. Der Schutzpolizist zeigt auf die Schleifspur, die zum Fundort der Leiche führt.
Anlagekarte zum Tötungsverbrechen in Berlin-Rahnsdorf vom 4. April 1971 PdVP Berlin, Abt. K, Dez. IV, OEG/KT

Wir lesen im *Fundortuntersuchungsprotokoll* vom 25. März 1971: *Nach Verschaffung eines ersten Überblickes und Anforderung weiterer Schutzpolizeikräfte zur vollständigen Abrieglung des Waldgeländes (Jagen 250) westlich des Hegemeisterweges bis zum Mühlenfließ, wird um 11.45 Uhr mit der eigentlichen Fundortuntersuchung begonnen. Während der Fundortuntersuchung erscheinen folgende Personen, die noch vor Abschluss der Fundortuntersuchung den Ort wieder verlassen: 1. Major der K Harwardt, Leiter der Kriminalpolizei in Köpenick, 2. Staatsanwalt Miltz, Generalstaatsanwaltschaft von Berlin, AK, 3. Dr. med. Geserick, Institut für gerichtliche Medizin.*

Die Witterungsbedingungen zum Zeitpunkt der Fundortuntersuchung waren denkbar schlecht. Es herrschte ein feuchtes und trübes Wetter bei bedecktem Himmel mit mäßigen Winden aus südlicher bis westlicher Richtung und einer Temperatur von ungefähr sechs Grad Celsius. Der Boden war nass, und während der Fundortuntersuchung kam es immer wieder zu kurzen Regenschauern – nicht gerade die besten Bedingungen für eine erfolgreiche Spurensuche und -sicherung im freien Gelände.

Am 30. März 1971 steuerte sogar das Hauptamt für Klimatologie des Meteorologischen Dienstes der DDR, Abteilung Operative Klimatologie, unter der Tagebuchnummer 1845/71 einen Bericht über den Wetterablauf im Raum Berlin-Rahnsdorf vom 24. März 1971 um 19 Uhr bis zum 25. März 1971 um 10 Uhr bei. Der Fachwissenschaftler Diplom-Meteorologe Eichelbaum berichtete, dass der schwache Regen bereits am 24. März 1971 gegen 13 Uhr begann und erst um 22.30 Uhr aufhörte. Am 25. März 1971 kam es dann von etwa 7 Uhr an mehrmals zu schwachem Sprühregen, jeweils 30 bis 45 Minuten. Insgesamt waren etwa 4 Millimeter Niederschlag gefallen.

Bei diesem Wetter hatte auch Nobby, der Fährtenhund, so einige Schwierigkeiten. Im *Bericht über den Einsatz eines Fährtenhundes* vom 5. April 1971 beschrieb Kriminal-Obermeister Jäger den Zustand der Tatortsicherung für den Fährtenhundeeinsatz so: *Tatort war durch Einsatzkräfte gesichert, aber vorher durch zwei Berechtigte erheblich begangen.*

Jäger setzte Nobby am Rain des Hegemeisterwegs zum Jagen 250 an einer Schleifspur auf laubbedecktem Waldboden an. Von diesem Ansatz fährtete Nobby in westlicher Richtung auf der Schleifspur circa 30 Meter bis zum Fundort der Leiche. Hier umsuchte er die mit Laub bedeckte Leiche und nahm an dieser Witterung auf, ohne einen Fortgang zu finden. Nach Aufforderung und Unterstützung zum Weitersuchen fährtete Nobby circa 10 bis 15 Meter in nördlicher Richtung und dort circa drei Meter in westlicher Richtung, wo er sich durch »Platz!« niederlegte. An dieser Stelle zeigte der Hund einen Damenschuh an. Weil Nobby nicht mehr weitersuchte, musste die Arbeit eingestellt werden. Auch ein Absuchen der Umgebung nach einem anderen geeigneten Fährtenansatz verlief negativ. Eine vom Fundort der Leiche in westlicher Richtung verlaufende Spur wurde von Nobby nicht mehr aufgenommen. Diese Spur war geruchsmäßig problematisch und wurde vor oder während des Regens verursacht.

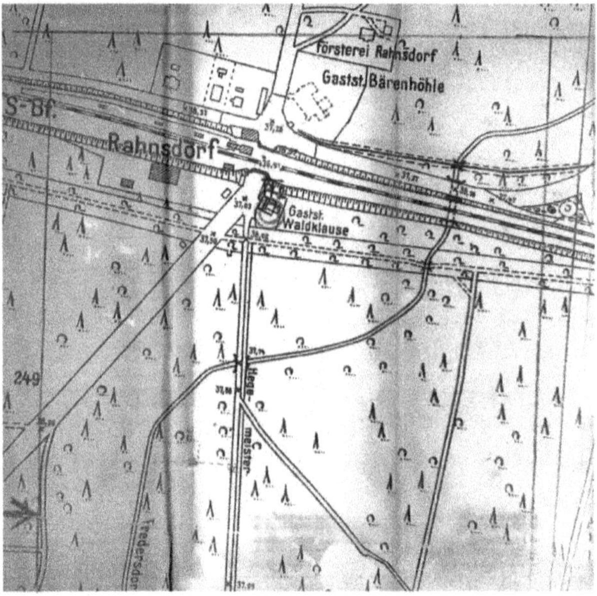

Karte des Waldgebiets südlich des S-Bahnhofs Rahnsdorf
Anlage zum Bericht über den Einsatz eines Fährtenhundes vom 5. April 1971

Immerhin, Nobby fand einen Damenschuh, der sehr schnell dem Opfer und damit dem Tatgeschehen zugeordnet werden konnte.

Die Fundstelle der Leiche befand sich aus südlicher Richtung gesehen vor der hölzernen Doppelbrücke über den Mühlenfließ links im Jagen 250 (vom S-Bahnhof Rahnsdorf aus gesehen hinter der Brücke rechts im Wald).

Der *Fundortbefundbericht vom 25. März 1971*, erarbeitet durch die Morduntersuchungskommission, hatte

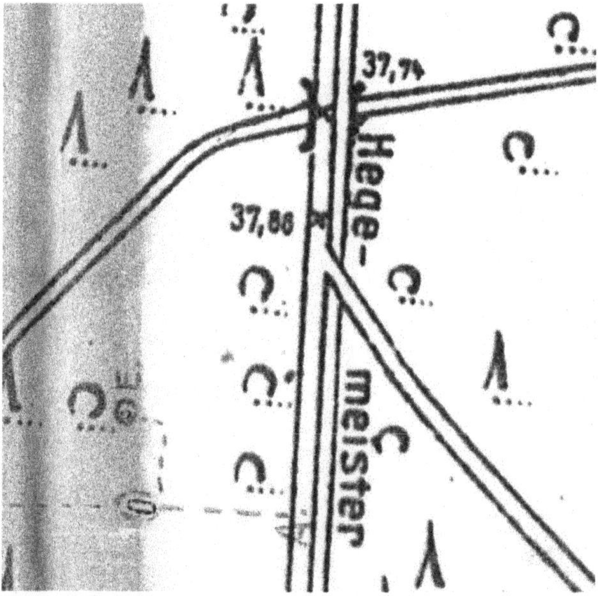

Ausschnitt aus der Karte des Waldgebiets südlich des S-Bahnhofs Rahnsdorf mit Markierungen der aufgefundenen Leiche und des Damenschuhs. *Anlage zum Bericht über den Einsatz eines Fährtenhundes vom 5. April 1971*

den Zusatz Fundort 1, worauf wir noch zurückkommen werden. Dieser 17-seitige Bericht, unterzeichnet von Oberleutnant der K Günter Rohne, ist von einer hervorragenden Qualität und beschreibt die vorgefundenen Situationen beweiskräftig, natürlich ausgehend vom Fundort der Leiche. Wir wollen einige wesentliche Aussagen benennen beziehungsweise zitieren:

Zum eigentlichen Liegeort der Leiche gelangt man entlang der bereits erwähnten Schleifspur vom Hegemeister-

weg in den Jagen 250 hinein in Richtung Mühlenfließ. Diese Schleifspur hat eine Breite von ca. 60 cm und eine Gesamtlänge von ca. 30 Metern. Diese Schleifspur ist als solche durch niedergetretenes Gras, in Richtung Mühlenfließ umgeknickte Zweige des Strauchwerkes und durch das aufgewühlte Laub nach beiden Seiten deutlich zu erkennen. Die Schleifspur lässt den Schluss zu, dass hier ein Körper geschleift wurde in Richtung Mühlenfließ … Innerhalb dieser Schleifspur, an den Stellen, wo das Erdreich teilweise sichtbar ist, werden insgesamt sieben Eindruck- und Teileindruckschuhspuren (von Sohlen und Absätzen) in unterschiedlicher Qualität festgestellt … Unmittelbar rechts neben der Schleifspur, ca. 11 Meter vom Hegemeisterweg entfernt, werden, in einem Umkreis (mit Durchmesser von ca. 2 Metern) verstreut, diverse zerbrochene bzw. in kleine Teile zerrissene Teile eines Regenschirms (Damenknirpses) am Boden liegend vorgefunden. Es handelt sich hierbei um ein aus Kunststoff bestehendes Bewegungsstück des Knirpses zum Spannen mit der Bezeichnung »Knirps DRP«, die ca. 75 cm lange ausgezogene metallene am unteren Ende abgebrochene Schirmstange sowie um diverse zerrissene graue Stofffetzen, die offenbar vom Bezugs- bzw. Spannstoff eines Damenknirpses herrühren.

An dieser Stelle wurde auch ein braun-violettes Herrentaschentuch ohne Monogramm gefunden – mit Auflagerungen von Nasensekret und Haaren.

Nach fotografischer Sicherung und Markierung des Laubhügels, unter dem sich die Leiche befand, trugen die Kriminalisten in Anwesenheit des Gerichtsmediziners Dr. Geserick das aufgeschichtete Laub und die darauf liegenden kleinen Zweige ab. Eine nur noch zum Teil bekleidete weibliche Leiche in Rückenlage kam zum Vorschein. Die multiplen Stichverletzungen am Rücken waren zunächst nicht sichtbar. Einzelheiten wollen wir uns an dieser Stelle ersparen. Es wurde ein Damentaschentuch mit dem Monogramm »N« und eine S-Bahnfahrkarte der Preisstufe 2 mit Datum vom 24. März gesichert, die sich, ebenso wie zwei Münzen (1 und 5 Pfennig), in der rechten Manteltasche des Opfers befanden.

Der Gerichtsmediziner schätzte am 25. März 1971 gegen 13.20 Uhr vorläufig ein, dass der Tod des noch unbe-

Aufnahme der Leiche nach Abdecken des Laubes
Anlagekarte zum Tötungsverbrechen in Berlin-Rahnsdorf vom 4. April 1971 PdVP Berlin, Abt. K, Dez. IV, OEG/KT

kannten Opfers in der Zeit von Mittwoch (24. März 1971) in den späten Abendstunden (frühestens etwa 22 Uhr) bis zum Donnerstag (25. März 1971) etwa bis spätestens 3 Uhr eingetreten war.

Gegen 14.00 Uhr – noch während der weiteren Untersuchung des Fundortes – wird die Leiche des unbekannten Opfers ins Institut für gerichtliche Medizin Berlin zur genauen Todeszeitbestimmung, spurenkundlichen Untersuchung und Obduktion durch Transportfahrzeug des GMI übergeführt.

Bei der Absuche der näheren Umgebung des Fundorts wurde der zweite Damenschuh (Schuhgröße 25) aufgefunden. *Die eigentliche Fundortuntersuchung und Absuche der näheren Umgebung ist gegen 17.00 Uhr beendet. (…) Die eingeleiteten Sicherungs- und Absperrmaßnahmen werden um 18.35 Uhr aufgehoben und der Fundort freigegeben.*

Das Protokoll über die kriminaltechnische Tatortarbeit vom 26. März 1971 gibt Auskunft über die gesicherten Spuren und die Fragen an die Experten. Die Schuhspuren 1 bis 7 wurden im Gipsnassverfahren gesichert und von der genauen Lage der Spuren jeweils Übersichtsaufnahmen gefertigt. Spur 8 kennzeichnete die Teile des genannten Regenschirmes, Spur 9 das braun-violettkarierte Herrentaschentuch mit Nasensekret und Haaren, die Spuren 10 und 11 die beiden aufgefundenen Damenschuhe, die offenbar ein Paar bildeten. Die Bekleidungsstücke (Spuren 12 bis 18) wurden im Institut für gerichtliche Medizin gesichert. Interessant war die Spur 19, die Damenarmbanduhr des Opfers, die am 25. März 1971 gegen 19.30 Uhr auf dem VP-Revier 246 einen Zeigerstand von 04.55 Uhr aufwies, obwohl sich das Uhrwerk in Tätigkeit befand.

Und wir erfahren, dass die Spuren 20 bis 25 (zum Beispiel eine Sonnenbrille, zwei S-Bahnfahrkarten, ein anderes Herrentaschentuch, ein blauer Knopf) als nicht tatbezogen aus den Ermittlungen fielen. Die Spur 26 (eine Bodenprobe, unmittelbar an der Schuhabdruckspur 1 gesichert) dagegen wurde dem Fachbereich Biologie zur Herkunftsidentifizierung übermittelt. Ein Schuh des Opfers, seine Uhr, das Taschentuch und die S-Bahnfahrkarte aus der rechten Manteltasche dienten Fahndungszwecken. Denn noch immer bewegte die Kriminalisten eine wichtige Frage: Wer war das Opfer?

Die Lage änderte sich dramatisch, als am 27. März 1971 gegen 20.30 Uhr Dr. Gustav Großmann, ein Diplom-Mathematiker, der an der Humboldt-Universität zu Berlin arbeitete und in Rahnsdorf wohnte, auf der VP-Inspektion Berlin-Köpenick erschien und eine Vermisstenanzeige aufgab. Seine Ehefrau war spurlos verschwunden.

Oberleutnant der K Kaiser hatte, wie wir aus seinem *Protokoll vom 27. März 1971* entnehmen können, sofort und intuitiv den Zusammenhang zwischen der vermissten Person und dem aufgefundenen Mordopfer gespürt. *Auf Grund anliegenden Vorganges wurde der B-Dienst der MUK zum Einsatz gebracht. Nach kurzem Gespräch mit Herrn Dr. Großmann, welches sich nur auf die Beschreibung seiner Ehegattin bezog, gab es Anhaltspunkte, dass es sich um die in Rahnsdorf gefundene unbekannte Tote handelt.*

In der Vernehmung erklärte der Anzeigende dann:

Seine Ehefrau, Dr. Gisela Großmann, ebenfalls Mathematikerin an der Humboldt-Universität, hatte am Mittwoch, dem 24. März 1971, nach 7 Uhr die gemeinsame Wohnung verlassen. Dr. Großmann vermutete, dass sie in die Uni gefahren sei. Sie habe mittwochs ab 13 Uhr dort erscheinen müssen, aber manchmal fuhr sie auch früher dorthin, wenn Konsultationen oder Besprechungen anstanden. An diesem Morgen sah er sie zum letzten Mal.

Am 25. März 1971 war Gisela Großmann noch immer nicht in der Wohnung erschienen. Dr. Großmann rief bei ihrem Bruder an, da seine Ehefrau in der Vergangenheit schon einmal bei ihm übernachtet hatte, ohne Bescheid zu geben. Aber dort war sie nicht und auch nicht gewesen. Der Bruder riet, bei der Polizei eine Vermisstenanzeige aufzugeben. Dr. Großmann wollte damit jedoch noch warten, denn in der Ehe kriselte es ein wenig (sie waren seit März 1965 verheiratet, und seine Frau war zehn Jahre jünger), so dass er dachte, sie habe sich erst einmal eine Auszeit genommen.

Dr. Großmann beschrieb seine Ehefrau und ihre Bekleidung, die sie an diesem Tag getragen hatte, überreichte ein Foto und stellte fest, dass ihre Aktentasche nicht zu Hause war, in der sich Mathematikaufzeichnungen befanden. Als persönliche Kennzeichen nannte er: in der Mitte der Oberlippe eine kleine Narbe, eine weitere Narbe am linken Oberschenkel, eine ungünstige Zahnstellung im Oberkiefer, so dass sie seit einiger Zeit einen Zahnspanner trug. All das hatten die Gerichtsmediziner auch festgestellt.

Nun wurden ihm sechs Paar Damenschuhe vorgestellt,

und Dr. Großmann wurde gefragt: *Ist hierunter ein Paar, das einem Paar Schuhe Ihrer Ehefrau ähnelt oder gleich ist?*

Dr. Großmann zögerte keinen Augenblick. Er erkannte die Schuhe seiner Frau wieder. Wir erinnern uns: Einen Schuh hatte Nobby ja gefunden …

Die Fragen nach Schmuck und nach Armbanduhren waren eigentlich nur noch Nebensache, denn es bestand jetzt schon die Gewissheit, dass es sich bei der Toten vom Rahnsdorfer Forst um Frau Dr. Gisela Großmann handelte. Am Tag darauf identifizierte Dr. Großmann seine Frau im Institut für gerichtliche Medizin der Humboldt-Universität zu Berlin.

Noch am 25. März 1971 erstatteten die Gerichtsmediziner Dr. med. G. Geserick und Dr. med. E. Lignitz unter der Sektionsnummer 437/71 ein vorläufiges Gutachten mit den Ergebnissen der Obduktion der Leiche einer unbekannten jungen Frau. Es konnten insgesamt neun Stichverletzungen des Rückens festgestellt werden. Todesursache: *Verbluten infolge Stichverletzungen des Rückens mit Verletzung der linken Lunge und Körperhauptschlagader.*

Nach dem Ergebnis der Fundortbesichtigung und der Sektion besteht kein Zweifel daran, dass die Betroffene von fremder Hand getötet wurde.

Die tödlichen Verletzungen wurden mit einem einschneidigen Werkzeug gesetzt, am ehesten mit einem Messer. Die Verletzungen weisen auf ein scharfes Werkzeug mit relativ scharfer Schneide hin. Aus der Durchtrennung eines Brustwirbelquerfortsatzes ist auf grobe Gewalteinwirkung zu schließen. (…)

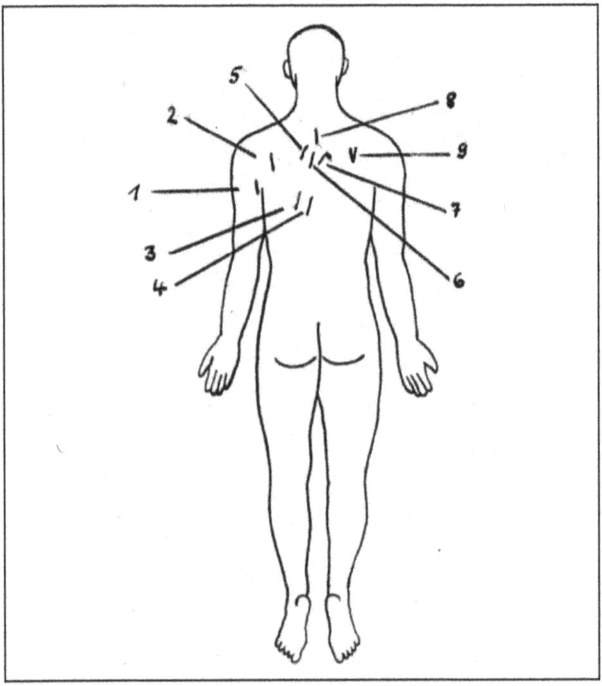

Darstellung der Stichverletzungen am Rücken des Opfers
Anlage zum vorläufigen gerichtsmedizinischen Gutachten vom 25. März 1971

Irgendwelche Verletzungen im Bereich der Geschlechtsorgane liegen nicht vor. (...) Nach dem Ergebnis der äußeren Besichtigung und der Leichenöffnung ist auf ein jüngeres Lebensalter zu schließen, das schätzungsweise bei 20–25 Jahren mit einer gewissen Schwankungsbreite von einigen Jahren liegen dürfte.

Die Todeszeit liegt bei einer unteren Grenze von 10 Stunden und einer oberen Grenze von 2 Tagen, wobei der wahr-

scheinlichste Wert zwischen 15 und 20 Stunden anzunehmen ist (bezogen auf die Todeszeitbestimmung am 25.3.71 um 15.30 Uhr) – nähere Angaben sind naturwissenschaftlich nicht vertretbar.

Am 25. März 1971 wurde folgerichtig gemäß § 98 der Strafprozessordnung gegen Unbekannt ein Ermittlungsverfahren eingeleitet. Hauptmann der K Heinz Kraft begründete das so: *Am 25. März 1971 gegen 10.10 Uhr wurde in Berlin-Rahnsdorf, im Waldgebiet Hegemeisterweg, eine unbekannte weibliche Leiche gefunden. Die Obduktion erbrachte als Todesursache »Verblutung«. Weiterhin fanden sich im Rücken der Leiche neun Einstiche, die vermutlich mittels Messer gesetzt worden sind. Es besteht somit der dringende Verdacht der vorsätzlichen Tötung gemäß § 112 StGB.*

Die beiden Gerichtsmediziner übermittelten später dem Generalstaatsanwalt von Groß-Berlin am 30. März 1971 die Ergebnisse der Zusatzuntersuchungen (Blutgruppen, Untersuchungen auf Spermaflüssigkeit, die negativ verliefen). Die Untersuchungen zur Altersbestimmung (zum Beispiel an der Keilbein-Hinterhauptsnaht, Schädelnähte an der Außenseite, Beurteilung der Markhöhlenkuppe des linken Oberarmknochens) brachten den Hinweis, dass das Opfer älter war, als zunächst angenommen (30 bis 40 Jahre). Alkohol konnte durch den Leiter der Abteilung für toxikologische Chemie DC. A. Bernt weder im Blut noch im Urin festgestellt werden.

Unterleutnant der VP Pfeifer, wohnhaft in Schöneiche in der Schöneicher Straße, war am Mittag des 29. März 1971 außerhalb seines Dienstes mit Holzarbeiten im Stadtforst Müggel beschäftigt, befand sich also schon im Stadtgebiet von Berlin und damit im Bereich des VPR 246. An drei Tagen (27. bis 29. März 1971) arbeitete er mit seinen Schwiegereltern im Jagen 258 in Berlin-Rahnsdorf, denn er hatte vom zuständigen Revierförster Pretsch die Genehmigung, Holz für sich zu schlagen.

In den Mittagsstunden des 29. März 1971, es war ein Montag, kam das Team mit dem Holzschlag in nördlicher Richtung an die westliche Schneise (Begrenzung zum Jagen 263) heran. Der ABV musste austreten und begab sich ungefähr zehn Meter in den Jagen 263 hinein. Dabei bemerkte er verschiedene verstreut herumliegende Gegenstände. Ihm war am Freitag zuvor, als er sich im Dienst befand, zwar das in Berlin-Rahnsdorf verübte Tötungsverbrechen bekannt geworden, aber wegen der dienstfreien Tage hatte er keine genaue Kenntnis vom Sachverhalt. Der ABV ahnte jedoch, dass diese Sachen mit einer Straftat in Verbindung stehen könnten, und so sammelten die drei alles ein. Sein Schwiegervater und er fassten die Gegenstände mit bloßen Fingern an, die Schwiegermutter trug dabei Handschuhe. Ein Brillenglas wurde vom ABV mit bloßen Fingern beim Aufheben an den Kanten berührt.

Und was geschah nun mit diesen nicht sehr fachgerecht gesicherten Gegenständen? Ein Protokoll vom 30. März 1971 gibt darüber detailliert Auskunft:

Bei den von ihm gefundenen Gegenständen handelt es sich um folgende:

Schnipsel von zwei zerrissenen Literatur-Bestellscheinen

einer Bibliothek, auf denen sich der Namenszug »Großmann« befindet.

Eine kunstlederne dunkelgraue Schirmhülle für einen Damenknirps.

Ein leerer Perfolbeutel für Verbandswatte.

Ein leeres, geöffnetes, rötliches Federhalteretui mit Reißverschluss und orientalischen bzw. süd-ostasiatischen Ornamenten verziert.

Ein leeres rotes Brillenetui mit Metallumrandung.

Ein sauberes, weißes, gelb abgesetztes Damentaschentuch mit blauen, gelben und roten Punkten (ohne Monogramm).

Ein blauer Kugelschreiber mit Ansteckklemme.

Ein angespitzter brauner Kopierstift, Marke »Czechoslovakia L. & C. Hardtmuth – Mephisto –«.

Ein grün-rot-weißer länglicher Radiergummi.

Ein bräunliches handgeschliffenes, heiles Sonnenbrillenglas (Marke Zeiß).

Die genannten Gegenstände wurden von KT als Spuren 34 bis 40 und 42 in Zellophantüten gesichert. Fotoaufnahmen von den gefundenen Gegenständen, Zusammensetzung und Feststellung des Textes der zerrissenen Papierschnipsel sowie die daktyloskopische Untersuchung des Brillenglases und der Papierschnipsel wurden veranlasst.

Natürlich führte eine erneute Suchaktion im Bereich des Fundgebietes zur Entdeckung weiterer Stücke. Am 30. März 1971 wurde gar in Abstimmung mit dem Flussobermeister Grasse der Mühlenfließ gestaut und teilweise trockengelegt. Dabei fand man: einen braun-grau-karierten Kostümrock mit Reißverschluss, stark verschmutzt, einen weißen Hüfthalter, einen weißen Wollschal, 120 Zentimeter lang, und zwei übereinander gezogene Damenschlüpfer (rot und weiß); der weiße Schlüpfer steckte in dem roten. Sie wurden nach innen gekehrt aufgefunden. Offenbar hatte der Täter die nun gesicherten Bekleidungsstücke des Opfers mit Verdeckungsabsicht in das Flüsschen geworfen.

Die Wasserschutzpolizei suchte am Vortag die Einmündung des Mühlenfließes in den Großen Müggelsee ab. *Die Suche, durchgeführt vom Einsatzboot der Wasserschutzpolizei (Toni 134), verlief ohne Erfolg. (…) Durch den ODH der WSI wurde ferner mitgeteilt, dass sich die Suche über den erteilten Auftrag hinausgehend noch bis etwa 50 Meter in den Mühlenfließ (in nördlicher Richtung) erstreckte.*

Die Kriminalisten erweiterten die Suchbereiche systematisch, so dass zwangsläufig weitere Fundstücke sichergestellt werden konnten. Zahlreiche Herrentaschentücher, die allesamt als nicht tatrelevant eingestuft werden konnten, sogar ein brauner Herrenanzug der Größe 51 war dabei. In einer Jackentasche fand man eine ausgeschnittene Zeitungsannonce, in der Paula Büttner aus 6051 Hirschbach/Thüringen für den Urlaub anbot, Ferienzimmer zu vermieten.

Eine weitere Suche nördlich der S-Bahnlinie Rahnsdorf-Friedrichshagen brachte wiederum einige Fundstücke zur Untersuchung, wobei diesmal die Damentaschentücher überwogen, auch diverse Oberbekleidungsstücke und – interessanterweise – die Satirezeitschrift *Eulenspiegel* Nr. 13 aus 1971. Eine Nachfrage bei der Eulenspiegelredaktion hatte dann ergeben, dass diese Ausgabe erst am 29. März 1971 erschien, folglich nicht relevant war. Alle anderen zahlreichen Fundsachen wurden Dr. Gustav Großmann vorgelegt, der erklärte, dass diese nicht zum Besitz seiner Ehefrau gehörten.

Die Anzahl der gesicherten Spuren und Scheinspuren stieg Tag für Tag, ohne dass sich irgendein Hinweis auf den Täter ergab. So konnten auf den beiden zerrissenen Bestellkarten für Literatur keine latenten daktyloskopischen Spuren festgestellt werden, die ja auch vom Täter hätten stammen können. Auch auf den vom ABV Pfeifer gefundenen Gegenständen fanden sich keine Fingerspuren; eine Teilfingerspur, gesichert auf dem angeführten Brillenglas mit Argentorat-Quarzsandgemisch auf schwarzer Folie, stufte man als unbrauchbar ein. Aufgrund fehlender individueller Merkmale war diese Spur zur Identifizierung des Spurenverursachers nicht geeignet.

Weitere Vergleichsspuren fanden die Kriminalisten am 31. März 1971 bei der Durchsuchung der Wohnung des Opfers in Berlin-Rahnsdorf, zum Beispiel einen blauen wollenen Pullover, dem Haare anhafteten und den das Opfer nach Aussagen des Ehemannes Dr. Gustav Großmann getragen hatte. Gleichfalls sicherten die Kriminalisten Schriftproben, auch ein Damentaschentuch mit dem Monogramm »N«.

Bezüglich der Haare am Pullover des Opfers (Spur 57) stellten die Kriminalisten dem Sachverständigen die folgenden Fragen:

Handelt es sich bei den am Pullover befindlichen Haaren um Menschenhaare?

Stammen diese Haare vom Opfer Gisela Großmann oder von einer anderen Person?

Besteht Übereinstimmung mit den am Pullover, welchen das Opfer am Körper hatte, vorgefundenen Haaren?

Welche Informationen (Farbe, Geschlecht, Blutgruppeneigenschaften) lassen sich aus den Haaren gewinnen?

Das Ziel der biologischen Untersuchungen bestand darin, herauszufinden, ob Haare, die am Opfer und an seiner Bekleidung gefunden und gesichert wurden, vom Opfer selbst stammten oder vom Täter. Im letzteren Fall hätte man eine kleine Spur; zumal auch vom Ehemann Vergleichshaare genommen wurden, damit man ihn als Spurenverursacher ausschließen konnte. Denn immer noch ging man von einem unbekannten Täter aus, der nicht im sozialen Umfeld des Opfers zu finden war.

Am interessantesten schienen zerrissene Papierreste mit Text (Klarschrift und Stenografieschrift) und mathematischen Formeln zu sein, die als Spur 50 im Jagen 252 gefunden wurden und so in die Unterlagen gelangten. Der schriftliche Text (einschließlich der Stenografieschrift) konnte bruchstückhaft entziffert werden: *von leitet d. Polizei ab … Vorwurf gegen mich erhoben. Ich habe mit der Tat nichts zu tun. … sie (oder »sei«?) rot (oder »tot«?) … gewärtig …im Zusammenhang mit der … Mutmaßungen … ist (oder »soll«?) sadistischer Neigungen frische …*

Der Ehemann erklärte hierzu, dass weder die Stenografie, die seine Frau nicht beherrschte, noch die Handschrift von seiner Frau oder von ihm selbst verursacht wurden.

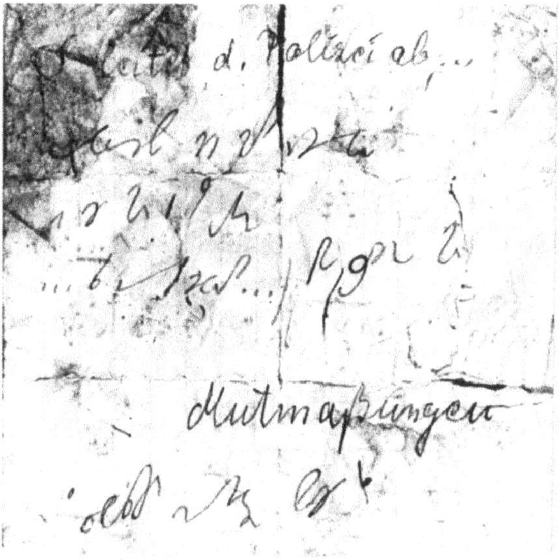

Spur 50: Die Rückseite dieses mysteriösen Dokuments
Anlagekarte zum Tötungsverbrechen in Berlin-Rahnsdorf vom 4. April 1971 PdVP Berlin, Abt. K, Dez. IV, OEG/KT

Das bestätigte der Schriftsachverständige Hauptmann der K Salomon vom Dezernat IV des PdVP Berlin, Abteilung Kriminalpolizei, später in einem Gutachten vom 8. April 1971.

Das war einmal eine Fährte, die versprach, Licht in das Dunkel des Falles zu bringen. Deshalb wurde die kriminaltechnische Untersuchung dieses Schriftstücks veranlasst, um den Text möglichst vollständig zu entziffern, den Schreiber anhand der Handschrift zu finden und möglicherweise auch daktyloskopische Spuren zu sichern.

Am 1. April 1971 suchte man erst einmal fleißig weiter.

Bei den Suchbereichen III und IV nahm man sich eine Gesamtfläche von circa 3.700 Meter mal 1.700 Meter vor. Zum Vorschein kamen wieder ein Herrentaschentuch, Teile eines unvollständig zerrissenen Briefes und ein Paar schwarze Lederhandschuhe (Fäustel) mit Druckknopfverschluss, die im Jagen 279, circa 18 Meter nördlich des Hauptweges entlang der S-Bahnlinie und circa 17 Meter westlich der rechten Jagenbegrenzung entdeckt werden konnten. Vor der Sicherung der Handschuhe wurde eine Geruchskonserve zur späteren Identifizierung des Trägers durch den Fährtenhund genommen.

Bis zum 6. April 1971 ging die Suche weiter. Zwei Tage später suchten die Kriminalisten das umfriedete Betriebsgelände des S-Bahn-Umspannwerkes Berlin-Rahnsdorf ab, und zwar das Innengelände in Wurfweite, heißt ungefähr 20 Meter hinter dem Zaun. Der hinzugezogene Feuerlöschzug 02 des PdVP Berlin, Abteilung Feuerwehr, Kommando Köpenick, herangerückt mit Gerätewagen und Turbinenpumpe, pumpte sogar den Feuerlöschteich leer. Auch diese Suche verlief ohne Erfolg.

Aber wie sollte es jetzt weitergehen? Die ersten Ergebnisse der Fachleute trafen Anfang April ein. In einem Gutachten vom 6. April 1971 kommt Hauptmann der K Feirich, Sachkundiger für Trassologie des Dezernats IV im PdVP Berlin zu dem Schluss, dass die Schuhspuren mit den Nummern 1 bis 7 im Rahmen allgemeiner Merkmale für eine vergleichende Untersuchung geeignet sind. *Die Möglichkeiten einer Identifizierung können erst bei Vorlage von Vergleichsmaterial entschieden werden. Nach den erkennbaren allgemeinen Merkmalen können alle Spuren*

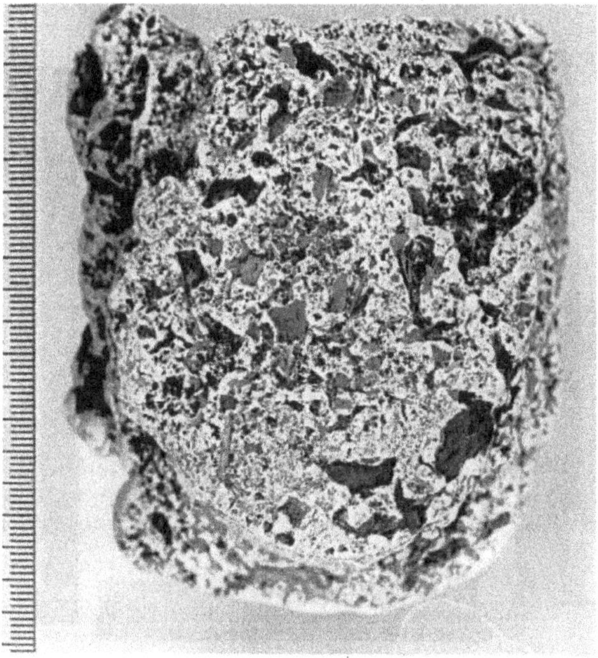

Schuhspur 6

von einem gleichen Paar Schuhe stammen. Es lagen Vergleichsabdrücke vom rechten Schuh des Unterleutnants der VP Peter, der zuerst am Fundort war, und Vergleichsabdrücke des Paares Schuhe vom Auffindezeugen Heino Kiebitz vor. Der rechte Schuh des Peter konnte für die Verursachung der Spuren 1 bis 7 ausgeschlossen werden, auch die Schuhe des Kiebitz für die Spuren 1, 5 und 7. Bei den Spuren 2, 3, 4 und 6 hatten sich jedoch keine ausreichenden Merkmale für eine exakte Beurteilung ergeben.

Das waren auf jeden Fall schon einmal Aussagen, die in Richtung des Täters wiesen – wenn man denn Vergleichsschuhe eines Täters hätte. Vor welchen Schwierigkeiten die Sachverständigen standen, zeigt das Foto der Spur 6 (Gipsabformung einer Absatzeindruckspur). Formen, Größen und individuelle Merkmale sind durch den fragmentarischen Charakter der Spur nur für den Fachmann erschließbar, wenn überhaupt.

Auch 19 Teile des Damentaschenschirms waren den Spezialisten übersandt worden. Die Untersuchungsfrage war hier: *Wurde der Schirm durch Windeinwirkung, durch Verwendung von Werkzeugen, durch Zerreißen oder Zerbrechen von Hand, durch Schleifen am Erdboden sowie im aufgespannten oder geschlossenen Zustande beschädigt?*

Die Antwort war kurz und knapp: *Die Zerstörungen an dem Schirm sind wahrscheinlich durch absichtliches Zerreißen entstanden. Hierbei war der Schirm ausgezogen, mit den Möglichkeiten aufgespannt oder geschlossen.*

Neben den materiellen Spuren und sachlichen Beweismitteln wurde natürlich die Personenbewegung am S-Bahnhof Rahnsdorf zu den relevanten Zeiten durch Befragung unter die Lupe genommen: die Fahrkartenverkäuferin, die Kollegen von der Gepäckaufbewahrung, die Straßenbahnfahrer der Linie 87, die vom S-Bahnhof Rahnsdorf nach Woltersdorf und zurück fuhr.

Aus einem Protokoll der VPI Köpenick, Abteilung K, geht hervor, dass außerdem 47 Personen befragt worden sind, die am 26. März 1971 vom Bahnhof Rahnsdorf in Richtung Hegemeisterweg zum Ortsteil Rahnsdorf gelaufen sind. Relevante Erkenntnisse zu den Abendstunden des 24. März 1971, als der Mord geschah, konnten nicht gewonnen werden, so dass das Ende des Protokolls sehr ernüchternd lautet: *Es kann zusammenfassend eingeschätzt werden, dass von den bekannten Personen keinerlei Anhaltspunkte zum Sachverhalt gegeben werden konnten.*

Weil der aufgefundene, zerrissene Bestellschein auf eine Bibliothek in Berlin-Mitte hinwies, wurde am 26. März 1971 in verschiedenen Lokalen, Unter den Linden (*Lindencorso*, *Interhotel*) und in der Friedrichstraße (*Johanniseck*, *City-Klause*, *Bärenschenke*, *Goldbroiler*, *Quelle am Tor*, Hotel *Sofia*, *Café Bar*), ermittelt und dem Bedienungspersonal das Lichtbild der Toten vorgelegt. Man hoffte, dass jemand die Person des Opfers erkennen würde. Aber auch mit dieser Maßnahme stellte sich kein Erfolg ein. Zu diesem Zeitpunkt war ja noch nicht bekannt, wer die Tote ist.

Die Lichtbildvorlagen im Rahnsdorfer Umfeld (*Müggelcafé*, *Vier Linden*, *Püttbaude*, *Gesellschaftshaus Rahnsdorf*, *Zu den Kastanien*, *Waldschenke*) endeten mit demselben Ergebnis.

Man wusste immer noch nicht, wer der Mörder war, und verwertbare Spuren gab es nicht wirklich. Das war die Situation.

Die sehr verspätet abgegebene Vermisstenanzeige von Dr. Großmann erschien den Kriminalisten nicht nur rätselhaft, sondern lenkte einen gewissen Verdacht auf den Ehemann, zumal er Spannungen und Auseinandersetzungen in der Ehe bereits zugegeben hatte. In der Nacht fand dann eine *Erste Besichtigung der Wohnung G r o ß m a n n in Berlin-Rahnsdorf zur Feststellung von tatbezogenen Spuren und Sicherung von Vergleichsmaterial zur Identifizierung des Opfers*, so der Titel des Protokolls, statt, und zwar am 28. März 1971 in der Zeit von 0.40 bis 2.30 Uhr.

Wir lesen im Protokoll: *Ziel dieser Besichtigung war es, tatbezogene Spuren (Kampfspuren, blutbeschmutzte Kleidung, als Tatwaffe in Frage kommende Stech- und Schneidwerkzeuge u. ä.) und Vergleichsmaterial zur Identifizierung der unbekannten weiblichen Leiche als Frau Dr. Gisela Großmann sicherzustellen.* Aber das Ergebnis war mager. *Die Suche nach irgendwelchen tatbezogenen Spuren oder möglichen fehlenden Gegenständen vom Fundort der Leiche sowie nach einer möglichen Tatwaffe verlief ohne Erfolg. An der in der Wohnung vorhandenen Kleidung und dem Schuhwerk des Herrn Dr. G r o ß m a n n wurden keine tatverdächtigen Verschmutzungen augenscheinlich wahrgenommen, so dass auch keine Vorproben auf Blutvorkommen mit Benzidin-Lösung notwendig wurden. Abgesehen von der durch die Enge der Räumlichkeiten etwas unübersichtlichen Stellung der Möbel und herumliegende Sachen (Schreibmaterial, Bücher usw.) wurden keinerlei Anzeichen von sogenannten »Kampfspuren« festgestellt. (…) Nach Beendigung der Wohnungsbesichtigung wurde noch der auf dem gleichen Grundstück befindliche Stall (zwei Räume, in denen Holz und Kohlen gelagert sind) und die drei Grundstücke weiter befindliche Wellblechgarage des Ehepaares Dr. Großmann besichtigt. Auch hier wurden keinerlei tatbezogene Spuren augenscheinlich festgestellt.*

Ab 4.20 Uhr wurde Dr. Gustav Großmann als Zeuge in dieser Sache vernommen. Die ihm vorgelegten Gegenstände gehörten, bis auf die Sonnenbrille, seiner Frau: die goldene Armbanduhr, die Damenschuhe, die Reste des Knirpses, der Mantel … Nach dieser Identifizierung bat man ihn um Hinweise oder Anhaltspunkte, die zur Aufklärung des Verbrechens dienlich sein könnten. Antwort: *Ich kenne niemanden, den ich dieses Verbrechens für fähig halte. Ich kann auch sonst keine weiteren Hinweise oder Anhalte geben.*

Damit gaben sich die Kriminalisten aber nicht zufrieden. Irgendwie hatten sie schon das Gefühl, dass der Ehemann der Mörder ist, jedoch keinen einzigen Beweis. Aber ein Grund, ihn erneut als Zeugen zu vernehmen, bot sich am 30. März 1971, als die schon beschriebenen Kleidungsstücke und Gebrauchsgegenstände im Mühlenfließ gefunden waren. Auch diese, nunmehr sehr verschmutzten Gegenstände erkannte Dr. Großmann wieder – sie gehörten mit Sicherheit seiner Frau.

Die Papierschnipsel wurden ihm vorgelegt, bei denen es sich um Teile eines Leihscheines handelte, entweder von der Bibliothek der Sektion Mathematik, der Universitätsbibliothek oder der Deutschen Staatsbibliothek. Das war nicht mehr genau zu erkennen. Aber Dr. Großmann erkannte an den sichtbaren, fragmentarischen handschriftlichen Eintragungen die Handschrift seiner Frau. Weitere Angaben zur Tat konnte oder wollte der Ehemann nicht äußern.

Doch die Kriminalisten ließen nicht locker. Hauptmann der K Kraft bat in einem Schreiben vom 30. März 1971

Staatsanwalt Miltz von der Generalstaatsanwaltschaft Groß-Berlin, eine Wohnungsdurchsuchung bei Dr. Gustav Großmann anzuordnen. *Die Ehefrau des Benannten ist einem Tötungsverbrechen zum Opfer gefallen. Diesbezüglich wurde ein Ermittlungsverfahren eingeleitet. Die Durchsuchung der Wohnung und des Pkw des Dr. Großmann macht sich erforderlich, da nicht ausgeschlossen werden kann, dass die Tat in der Wohnung stattgefunden hat. Diesbezüglich muss eine genaueste Untersuchung stattfinden.*

Am nächsten Tag ordnete der Staatsanwalt die Durchsuchung und die Beschlagnahme von Gegenständen an, die als Beweismittel dienen konnten oder der Einziehung unterlagen, gemäß §§ 108 und 109 StPO der DDR. Diese Anordnung betraf die Wohnung und den Pkw.

Die Hoffnung ist einmal als die wichtigste, aber auch am wenigsten berechtigte menschliche Regung bezeichnet worden – was sich wieder einmal in unserem Kriminalfall bewahrheitete. Noch am 31. März 1971 zog es Oberleutnant der K Kaiser, Oberleutnant der K Platzk und zwei Biologen des Kriminalistischen Instituts – verstärkt durch Staatsanwalt Miltz – magisch zur Durchsuchung nach Rahnsdorf in die Wohnung von Dr. Großmann. In dessen Beisein wurde noch ein dunkelblauer Pullover des Opfers in Verwahrung genommen. Als Ergebnis formulierten die Kriminalisten auf dem amtlichen *Durchsuchungs- und Beschlagnahmeprotokoll* vom 31. März 1971: *sonst ohne Erfolg.*

Im dazugehörigen *Durchsuchungsbericht* ist zusätzlich vermerkt, dass bei Dr. Großmann keine Zeichen äußerer Verletzungen feststellbar waren. Auch eine Überprüfung des entblößten Oberkörpers durch Staatsanwalt Miltz verlief ohne Erfolg. *Sämtliche Räumlichkeiten sowie Kleidung und Wäsche, Pkw des Dr. Großmann und Garage wurden durch die Biologen des KI im Absprühverfahren mittels Luminol auf vorhandene Blutspuren untersucht. Diese Suche verlief ebenfalls ohne Erfolg. Durch den Wohnungsinhaber wurde der Untersuchung kein Widerstand entgegengesetzt.* Warum auch?

Dass am 1. April 1971 durch Richter Fuhrmann vom Stadtbezirksgericht Berlin Mitte unter dem Aktenzeichen AS 485/71 III HS 255/71 die Durchsuchung und Beschlagnahme nachträglich bestätigt wurde, führte ebenfalls zu keinem positiven Ergebnis. Man hatte so viel erwartet, aber alle Hoffnung war vom Rahnsdorfer Wind verweht worden.

Ermittlungen an der Sektion Mathematik hatten ergeben, dass das spätere Opfer am 24. März 1971 letztmalig an seinem Arbeitsplatz und in der Mensa im Hauptgebäude der Humboldt-Universität gesehen wurde. Von 15.00 bis 17.00 Uhr führte Dr. Gisela Großmann ein Seminar durch, von 17.00 bis 18.30 Uhr nahm sie an einem Vortrag von Professor Langenbach teil. Danach sei sie wohl nach Hause gefahren. Sie benutzte in der Regel den Hinterausgang der Universität Unter den Linden und ging zum S-Bahnhof Friedrichstraße. Sie stieg immer in den ersten Wagen der Bahn nach Erkner ein, weil der Ausgang in Rahnsdorf ebenfalls in Fahrtrichtung liegt. Eine Kollegin hatte sie oft bis zum Bahnhof Ostkreuz begleitet.

Eine andere Kollegin berichtete über die mittelbraune Aktentasche mit Schnappschlössern, die bisher noch nicht aufgefunden war. Da beide eng zusammenarbeiteten, wusste sie, dass Gisela Großmann die Teile I und II der *Einführung in die Funktionstheorie* von Professor Pirl mitführte. Beide Hefte waren in hellbraunem Packpapier eingeschlagen. Mit einem Bleistift sei vorn ein »G« eingeschrieben worden. Weiterhin sollte sie das Buch *Notwendige Bedingungen für Extrema in kyrillischer Schrift* in der Tasche haben. In ihrer Aktentasche befand sich außerdem eine Federtasche, Grundfarbe rot, mit einem goldfarbenen Aufdruck indischer Art. Aufzeichnungen vom Vortrag von Professor Langenbach müssten dann auch noch in der Tasche sein …

So war davon auszugehen, dass Frau Dr. Großmann die Universität gegen 18.45 Uhr verlassen hatte. Dann verlor sich ihre Spur.

Welche S-Bahn sie genau genommen hatte, konnte nicht ermittelt werden. Die Bahnen fuhren bis 18.44 Uhr in 10-minütlichem Abstand nach Erkner, dann alle 20 Minuten, die Fahrzeit betrug 38 Minuten. Möglicherweise hatte Dr. Gisela Großmann die Bahn um 19.04 Uhr genommen und wäre dann um 19.42 in Rahnsdorf eingetroffen. Vielleicht aber auch später, wenn sie in der Stadt noch etwas zu erledigen hatte. Vielleicht auch früher.

Man kann sich vorstellen, dass man das Alibi von Dr. Großmann gründlich überprüfte, aber die Akten geben keine detaillierte Auskunft, wie diese Überprüfung konkret ausfiel. Ihm konnte jedenfalls kein Mord nachgewiesen werden – wie auch keiner anderen Bezugsperson. Nach nochmaliger Prüfung aller Fakten und Spuren ging man schließlich davon aus, dass ein dem Opfer unbekannter Täter das Verbrechen beging. Eine zufällige Begegnung auf dem spärlich beleuchteten Hegemeisterweg im sonst dunklen Stadtwald. Dr. Gisela Großmann befand sich einfach zu einer falschen Zeit an einem falschen Ort.

Der Altmeister der Kriminalistik Hans Groß hatte in seiner Arbeit *Erforschung des Sachverhaltes strafbarer Handlungen* (1902) einmal geschrieben: »Es ist nicht zu viel gesagt, wenn behauptet wird, dass sehr oft das Schicksal der Untersuchung davon abhängt, wie der Fall zuerst aufgefasst wurde.« Ja, Dr. Großmann war in das Visier der Ermittler geraten, aber es war gut, dass jetzt andere Untersuchungsrichtungen eingeschlagen werden konnten. Vielleicht in die richtige Richtung?

Man kann sich aber auch vorstellen, dass sich eine Fahndung nach dem großen Unbekannten viel schwieriger gestaltete, als im Bekannten- und Verwandtenkreis nach einem Verdächtigen zu suchen. Alle einschlägig vorbestraften und auffälligen Personen in einem großen Territorium mussten überprüft werden; eine Sisyphusarbeit bei fast 800 Personen!

Über einen Monat nach dem Mord, am 26. April 1971, meldete Leutnant der K Götze, dass in Rüdersdorf ein gewisser Benno Unverzagt, 19 Jahre alt, im Kabelwerk Oberspree in Berlin beschäftigt, bei seinen Eltern wohnt. Mit 15 Jahren war er erstmalig straffällig geworden; er entwendete Damenunterwäsche (BH und Schlüpfer). Er onanierte in die Wäschestücke und warf sie dann fort. 1968 fiel er dann Anita Bredschneider auf dem Woltersdorfer Weg von hinten an und bedrohte sie mit einem Messer. Doch Frau Bredschneider wehrte sich energisch mit den Händen, so dass sich Benno Unverzagt unverrichteter Dinge entfernen musste. Dabei war die Drohung mit dem Messer derart gefährlich, dass ein Zustechen unmittelbar bevorstand.

Des Weiteren habe Unverzagt mehrfach Frauen angefallen (ohne Messer) und belästigte diese, indem er ihnen in die Brust kniff. Ohne einen Grund schlug er einer Frau, die mit einem Kleinkind in Rüdersdorf spazieren ging, ins Gesicht. Seine Handlungen seien spontan und ohne jegliche Vorbereitung; so fiel er von 1968 bis 1971 mehrfach wegen Wäschediebstahls auf. Doch damit nicht genug. Im November 1970 versuchte er, eine Frau im Hirschgarten zu vergewaltigen, und wurde für dieses Verbrechen vom Gericht in Fürstenwalde zu zwei Jahren auf Bewährung verurteilt. In der Zwischenzeit befand er sich im Kreiskrankenhaus Rüdersdorf in der psychiatrischen Abteilung bei Dr. Wenndorf. Dort habe er sich erstmalig in eine Frau verliebt, in eine Krankenschwester. Dieses Verhältnis ging aber wegen seiner Verhaltensweise wieder in die Brüche. In dem Bericht wurde er als Einzelgänger beschrieben, der sich in seiner Freizeit in Fichtenau (Schöneiche), am S-Bahnhof Rahnsdorf und in Woltersdorf aufhielt.

Leutnant der K Götze verwies noch darauf, dass der Unverzagt Brillenträger ist, der die Brille aber bei seinen »Handlungen« absetzt. Er hat dunkelblonde Haare und eine kräftige Gestalt, Schuhgröße etwa 42. Er habe auch eine »feuchte« Aussprache und verliere, wenn er aufgebracht ist, Speichel aus dem Mund. Er kann sehr jähzornig und gewalttätig werden. *Zum 24.3.71 gibt er seine Ar-*

beitsstelle als Alibi an bzw. der Vater von U. bestätigte, dass er an diesem Tag in Berlin gearbeitet hat.

Ein potentieller Mörder? Es war aber eine Meldung, wie sie täglich in großer Zahl bei der MUK eintraf. So harmonisch prästabiliert, also festgelegt, wie es sich die obersten DDR-Politiker wünschten, war die Wirklichkeit eben nicht, und realistische kriminalistische Arbeit tat gut daran, sich nicht nach solchen frommen Wünschen zu richten. Die Wirklichkeit gestaltete sich oft jenseits der amtlichen Verlautbarungen, und diese musste von den Kriminalpraktikern angenommen und seziert werden. Nicht mehr und nicht weniger.

Hunderte derartiger Persönlichkeitsprofile landeten auf den Tischen der Kriminalisten, und die Schwierigkeit bestand nun darin, die richtigen Prioritäten zu setzen und die Alibis all dieser Personen exakt zu überprüfen.

So wurde auch die Spur Unverzagt am 13. Mai 1971 wieder aufgenommen und der behandelnde Psychiater Dr. Wenndorf befragt. Benno Unverzagt verbrachte sieben Wochen in seiner Klinik. Sein abnormes sexuelles Verhalten wurde auf eine frühkindliche Hirnschädigung zurückgeführt. Dass Unverzagt mit einem Messer Frauen anfallen würde, hielt Dr. Wenndorf für ausgeschlossen. Er sei ein nichtaggressiver Exhibitionist, Fetischist und Onanist.

Einen Tag später ermittelte Oberwachtmeister der VP Kalusche im VEB Kabelwerk Oberspree in Berlin-Schöneweide, Wilhelminenhofstraße, also auf der Arbeitsstelle von Benno Unverzagt. Es konnte festgestellt werden, dass er am 24. März 1971 um 21.51 Uhr das Werk betreten und am 25. März 1971 um 5.56 Uhr wieder verlassen hatte (Erfassung durch eine Stempeluhr). Über den Besitz eines Taschenmessers war nichts bekannt; das Kollektiv der sozialistischen Arbeit, in dem Benno Unverzagt arbeitete, übte eine feste Kontrolle aus, es war zum Zeitpunkt der Befragung sehr zufrieden mit ihm.

Am 20. Mai 1971 wurde Benno Unverzagt über den Betriebsschutz gebeten, sich um 13.30 Uhr auf der Betriebswache des KWO für die MUK bereitzuhalten. Dabei nannte man ihm keinen Grund.

Leutnant der K Götze nahm ihn mit ins PdVP am Berliner Alexanderplatz und äußerte ohne weitere Angaben nur, dass ein Sachverhalt geklärt werden müsse.

Benno Unverzagt wurde durch Oberleutnant der K Kaiser und Leutnant der K Götze befragt. Ob er sich denken könne, warum er hier sei, welche Straftaten er so begangen hatte. Die überraschende Wendung in diesem Kriminalfall, die alle herbeigesehnt hatten, trat so unvermittelt ein, dass wir aus dem *Protokoll Zuführung des Benno Unverzagt, ... Verhalten des Genannten bis zur schriftlichen Vernehmung* einfach zitieren müssen:

Daraufhin [was hat er für Straftaten begangen?] erzählte er, dass er Wäsche gestohlen hätte und vor Frauen onaniert habe. Er wurde konkret gefragt, was er in Rahnsdorf tat. Daraufhin erklärte er, dass in Rahnsdorf eine Frau ermordet worden sei. Ihr soll der Schädel eingeschlagen worden sein, das habe er nicht getan. Er hat lediglich in Rahnsdorf eine Frau angefallen, die er vorher auf dem S-Bahnhof in Rahnsdorf gesehen hat. Er hatte wieder Gefühle bekommen und wollte die Frau nackend sehen. Diesbezüglich habe er sie, im Weg vom Rahnsdorfer Bahnhof aus rechts, angespro-

chen. Da sie nicht wollte, nahm er ein Messer stach vier bis fünfmal in den Rücken der Frau und schleifte sie dann etwa 30 m in den Wald. Dort hat er ihr erneut drei Stiche in den Rücken versetzt. Hier habe er ihr den Schlüpfer und den Hüfthalter ausgezogen und onaniert. Aufgrund der Mitteilungen des U. wurde die Befragung sofort abgebrochen mit der Maßnahme, dass er den Tatort zeigen würde. Mittels Dienstfahrzeug wurde er ohne weitere Unterhaltung dem VP-Revier 246 zugeführt, wo die Rekonstruktion erfolgte. Zu bemerken ist, dass dem U. keinerlei Vorhalte oder Fragen zum Tatbestand gestellt worden sind. Die … Angaben machte er bereitwillig von sich heraus. Bei der Befragung war er äußerst ruhig … und konzentrierte sich sichtlich. Er versuchte, die Angaben im Zusammenhang zu bringen.

Die praktisch mit einem Geständnis überraschten Kriminalisten hatten alles richtig gemacht, kein Täter- und Tatwissen preisgegeben und die Befragung sofort abgebrochen, als Benno Unverzagt freiwillig gestand, Dr. Gisela Großmann durch Messerstiche in der Nähe des S-Bahnhofs Rahnsdorf ermordet zu haben.

Natürlich, sie hatten auch Glück gehabt, allerdings nicht als Zufallserfolg, der ihnen unversehens in den Schoß gefallen war wie ein Apfel vom Baum. Es kam allmählich zu ihnen, ein Körnchen kam zum anderen, eine Ermittlungsrichtung ergänzte die andere, mit Akribie und fachlicher Meisterschaft wurde ermittelt, und so war das entstanden, was wir heute mit einem Abstand von über 40 Jahren Ermittlungsglück nennen dürfen. Denn das Glück finden wir Menschen oft nur auf ausgetretenen Pfaden.

Gegen Benno Unverzagt wurde am 20. Mai 1971 ein Ermittlungsverfahren eingeleitet, er kam wegen der Schwere des Delikts in Untersuchungshaft. Die richterliche Bestätigung folgte am 21. Mai 1971 durch Richter Fuhrmann vom Stadtbezirksgericht Berlin-Mitte.

Bevor dies alles geschah, gab es noch am Tatort, wie schon angekündigt, eine Tatrekonstruktion mit Benno Unverzagt, die am 20. Mai 1971 um 17.10 Uhr auf dem VPR 246 begann; dabei war der Hegemeisterweg von beiden Seiten durch Angehörige des VPR 246 für den Fahrzeug- und Fußgängerverkehr gesperrt worden. Der Verdächtige und die Kriminalisten trafen um 17.50 Uhr am S-Bahnhof Rahnsdorf ein. Die ersten detaillierten Angaben von Benno Unverzagt waren laut Protokoll diese:

U. führte daraufhin die anwesenden Genossen vom S-Bahnhof in südlicher Richtung in den Hegemeisterweg hinein bis zur dort befindlichen Mühlenfließbrücke. Hier wurde ihm die Frage gestellt, wie und in welcher Richtung er bzw. die Frau lief. Seine Antwort lautete: »Ick ging hier und die Frau da drüben!«

Er zeigte hierbei, dass er auf dem unbepflasterten Radweg und die Frau auf dem gepflasterten Gehweg in südlicher Richtung entlangliefen, wobei die Frau einige Meter vor ihm ging. Er wurde nunmehr aufgefordert zu zeigen, wie weit sie gingen und wo er die später Geschädigte angesprochen habe. Etwa 25 m nach benannter Mühlenfließbrücke blieben die Angehörigen des Untersuchungsorganes stehen, da hier ein Weg, halb links vom Bahnhof gesehen, abführt.

Hier wurde dem U. die Frage gestellt, ob der Weg ihm bekannt sei. Seine Antwort lautete: »Ja, der war damals schon da, als ich lang ging!« Auf die Frage, was er mit damals meinte, erklärte er: »Na damals, als ick die Frau überfallen habe!« Auf die Frage, ob er diesen Weg benutzt habe, sagte er, dass er den Hegemeisterweg weiter entlanggegangen sei. Von dieser Stelle an etwa blickte der Verdächtige ständig suchend nach rechts (Tatsächlicher Tatort). Etwa 20 m hinter der im Hegemeisterweg befindlichen 3. Laterne, etwa 25 bis 30 m hinter der zur Tatzeit festgestellten Schleifspur zum Fundort 1, bleibt U. stehen. Er erklärt: »Et muss hier gewesen sein!« – »Da zwischen Baum und Hecke, da wo es so frei ist, da muss et gewesen sein!« (Er zeigt hier mit dem Finger in das Waldgebiet des Jagens 245, in westlicher Richtung zum Mühlenfließ hin.) Bemerkenswert erscheint, dass das Zeigen mit dem Finger mehr in Richtung Bahnhof Rahnsdorf war …

Die Frage, ob ein besonderes Zeichen vorhanden sei, woran er die Stelle erkenne, beantwortete er damit, dass ein Stück weiter eine Bank stand (tatsächlich vorhanden) und weiterhin eine Art abgehackter Baumstumpf in der Nähe war. Eine weitere Frage, was er hier getan habe, wurde von ihm wie folgt beantwortet: »Hier habe ick erst die Frau angesprochen, dass sie sich ausziehen soll und denn hat se nein gesagt und wollte nicht, denn hat se sich gewehrt und denn habe ick mit dem Messer vier- oder fünfmal zugestochen.« (Frage wohin gestochen?) »In den Rücken.« (Auf die Frage was passierte daraufhin, erklärte er) »Die Frau fiel um und da hab ick det mit der Angst zu tun gekricht und hab sie hier in den Wald reingeschleppt.« (wohin?) »Geradeaus.« (Er zeigte in Richtung Mühlenfließ.)

Er wurde daraufhin aufgefordert, zu zeigen, wie weit er

die Frau geschleppt habe und dabei zu erklären, wie das von ihm durchgeführt wurde. Er erklärte, dass er die Frau unter die Arme fasste und sie rückwärtsgehend etwa 20 m in den Wald hinein schleifte. Nach 35 Schritten, genaue Richtung Mühlenfließ, bleibt U. im Wald stehen und erklärt: »Na hier ist et denn passiert, da habe ick se denn hingepackt die Frau und hab se denn den Rock hochgehoben und die Schlüpfer ausgezogen und die Schuhe und den Strumpfhalter, und denn habe ick det mit die Angst zu tun gekricht. Denn habe ick die Aktentasche aufgemacht und reingeguckt, hab den Ausweis gesehen und das Portemonnaie und die anderen Sachen und det Taschentuch, und denn hab ick die Sachen alle weggeschmissen.« Er erklärte weiter, dass er zu diesem Zeitpunkt gesehen hat, dass die Frau tot war. Ihm wurde die Frage gestellt, wo er die Sachen hingeschmissen habe. »Den Strumpfhalter habe ick in den Fließ geschmissen, die Schlüpfer habe ick een Stück weiter weggeschmissen, die Schuhe auch. Die Tasche habe ick aus die S-Bahn geschmissen, in Hirschgarten und Wuhlheide und den Schirm, den habe ick liegengelassen.« Die Frage, was er zuerst weggeworfen habe, beantwortete er: »Den Strumpfhalter!« Er wurde nun aufgefordert, die Stelle zu zeigen. An einer kleinen Mulde bleiben die Angehörigen des Untersuchungsorganes stehen, und an den Verdächtigen wird die Frage gerichtet, ob ihm diese Stelle bekannt sei? Seine Antwort lautete: »Hier bin ick och runtergerannt!« Er führt nunmehr bis zum Mühlenfließ, und zwar zu einer Stelle, wo ein etwa 3 m langer Blechstreifen im Fließ liegt. Und erklärte hier, den Strumpfhalter hier hineingeworfen zu haben. Er erklärte weiter, dass er nun noch die Schuhe und die

Schlüpfer bei sich trug. Er läuft nun weiter zurück in Richtung Fundort der Leiche und bleibt nach etwa 30 m stehen.

An dieser Stelle erklärt U.: »Den Schlüpfer habe ick hierher jepackt.« (Frage: Was meinen Sie mit Schlüpfer? Meinen Sie einen oder mehrere Schlüpfer? Welche Farbe hatte der Schlüpfer?) U.: »Ein Schlüpfer, und der Schlüpfer hatte eine helle Farbe jehabt.« (Frage: Was hatten Sie jetzt noch bei sich?) U.: »Die Schuhe, die hab ick denn een Stück weiter dahin geschmissen.« (Er zeigt nach rechts.)

Er geht nunmehr weiter, und zwar bis zum Hegemeisterweg. Hier erklärt er: »Denn hab ick gekuckt, ob jemand kam, wo keiner kam, bin ick denn losgegangen.«

Frage: Wie oft sind Sie in der Vergangenheit diesen Weg entlanggegangen?

Einmal am Tattage, war hier die Antwort, und zwar an dem Tage, wo es mit der Frau passierte.

Nach dieser Schilderung des U. wurde er wieder dem VPR 246 zugeführt.

Die gesamte Tatwegrekonstruktion, die Fragen und Antworten wurden auf Tonband aufgenommen.

Nach dieser Befragung an den Orten des Geschehens wurde mit Benno Unverzagt noch ein psychologisches Experiment durchgeführt. Von sich aus hatte er die rechte Waldseite, vom S-Bahnhof Rahnsdorf gesehen, benannt, in die er sein Opfer schleifte und verbrachte. Ihm wurde nun vorgehalten, dass die Leiche aber links des Hegemeisterwegs aufgefunden wurde. Darauf entgegnete Unverzagt, dass das nicht stimme, und er wies mit Nachdruck darauf hin, dass seine Angaben richtig seien. Er blieb auch nach weiterem Drängen bei seiner Darstellung, die sich natürlich mit der objektiven Auffindungssituation deckte. Da die Fragen und Antworten nicht auf Tonband festgehalten wurden, ergab sich die Notwendigkeit eines gesonderten Protokolls, das am 20. Mai 1971 Hauptmann der K Vehres unterzeichnete.

Bei Lichte besehen war diese Tatrekonstruktion eine ziemlich problematische Angelegenheit. Das Ermittlungsverfahren gegen Benno Unverzagt war noch nicht eingeleitet worden, und er hatte das Protokoll über die Tatrekonstruktion nicht unterschrieben. Sollte er in den folgenden Beschuldigtenvernehmungen und in den Vernehmungen vor Gericht dann schweigen oder seine Aussagen nicht wiederholen, hätte man große Schwierigkeiten in der Beweisführung gehabt. Die Freude über den unerwarteten Erfolg und der übergroße Eifer bei der Überführung des Täters hatten die Kriminalisten wohl etwas blind gemacht.

Aber auch in dieser Situation hatten die Fachleute von der MUK Glück. In der ersten Beschuldigtenvernehmung vom 20. Mai 1971, Beginn 20.30 Uhr, wiederholte Benno Unverzagt seine Aussagen und präzisierte sie. Und, was ganz wichtig war, er unterschrieb das achtseitige Protokoll, nachdem er über seine Rechte auf Verteidigung nach § 62 StPO aufgeklärt und die gegen ihn erhobene Beschuldigung bekanntgegeben wurde, so, wie das Gesetz es verlangte.

Seine Handlungen nach dem Mord beschrieb er ergänzend so: *Denn habe ick ihre Beine breitgemacht … Denn habe ick mir im Stehen meine Hose runtergelassen und habe onaniert. Da ist bei mir ooch wat gekommen, det is auf die Erde gegangen. Ick habe denn nach dem Onanieren auch einmal an det Geschlechtsteil der Frau angefasst, da habe ick ooch den Finger ein Stück reingesteckt, aber nich weit, denn da habe ick Angst gekriegt.*

Auf die Frage, ob er bei seiner ersten Befragung direkt auf den Mord angesprochen worden war, antwortete er: *Nein, das habe ich von mir so erzählt, weil ick det war und weil det die Wahrheit ist. Und jetzt ist mir det ooch ein bisschen leichter, wo ick det alles erzählt habe. Ich hoffe nur, dass man mir einen Arzt vorstellt, damit der mir helfen kann.* Damit wollte man zusätzlich beweisen, dass ihm der Mord nicht eingeredet worden war. In einem handschriftlichen Geständnis wiederholte er seine Aussagen.

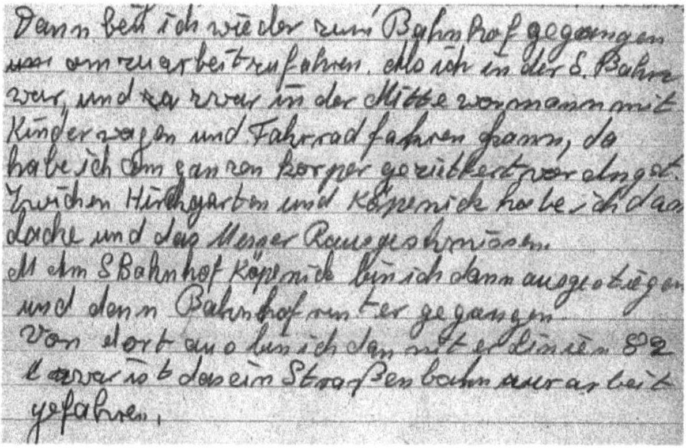
Dann bin ich wieder zum Bahnhof gegangen
um zur arbeit zu fahren. Als ich in der S. Bahn
war, und da war in der Mitte vorn Mann mit
Kinderwagen und Fahrrad fahren kann, da
habe ich am ganzen Korper gezittert vor Angst.
Zwischen Hirschgarten und Köpenick habe ich das
Tasche und das Messer Raus geschmissen.
M am S Bahnhof Köpenick bin ich dann ausgestiegen
und denn Bahnhof runter gegangen.
Von dort aus bin ich dan mit der Linie 82
[illegible] ist das ein Straßenbahn zur arbeit
gefahren.

Auszug aus dem handschriftlichen Geständnis

Die Aktentasche des Opfers und das Tatmesser, das er von seiner Arbeitsstelle hatte mitgehen lassen, nahm Benno Unverzagt nach dem Mord mit und warf sie erst später nacheinander aus der fahrenden S-Bahn zwischen den Bahnhöfen Friedrichshagen und Köpenick. Warum? Weil er Fingerabdrücke vermutete und Blut am Messer war, sagte er in der Vernehmung vom 4. Juni 1971. Trotz umfangreicher Suchaktionen an der S-Bahnstrecke konnten diese Beweisgegenstände nicht aufgefunden werden.

Am selben Tag wurden Benno Unverzagt acht Messer vorgelegt. Die Frage war, ob er unter diesen Messern die Tatwaffe erkennt. Er verneinte. Und gibt es eine Ähnlichkeit? *Hier det Messer unter Nr. 3 sieht so ähnlich aus.*

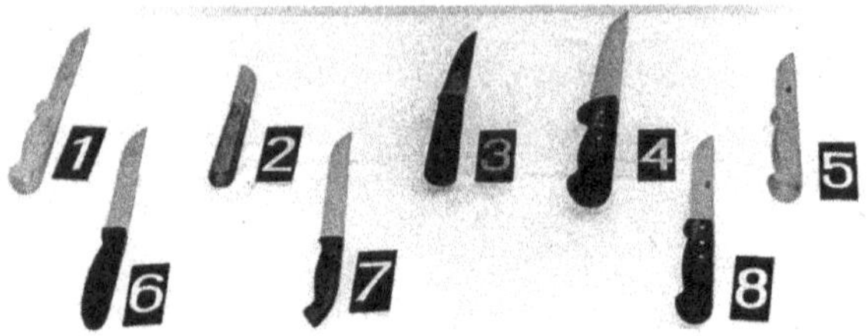

Mit dieser Antwort gaben sich die Kriminalisten nicht zufrieden. Nach der Beschreibung von Benno Unverzagt skizzierte Hauptmann der K Weiß das Tatmesser (siehe Abbildung nächste Seite).

Am 12. Juni 1971 widerrief Benno Unverzagt kurzzeitig sein Geständnis. Er hatte in der Untersuchungshaftanstalt die Zeitung *Neues Deutschland* bekommen, denn auch dort wurde das Zentralorgan gelesen. Daraus erfuhr er mit kindlichem Erstaunen, dass Benno U. aus Rüdersdorf verhaftet worden war, denn es bestand dringender Verdacht, dass er die Frau in Rahnsdorf aus sexuellen Motiven ermordet hatte. Nach dieser Konfrontation mit den öffentlich gemachten Tatsachen konnte er zwei Nächte

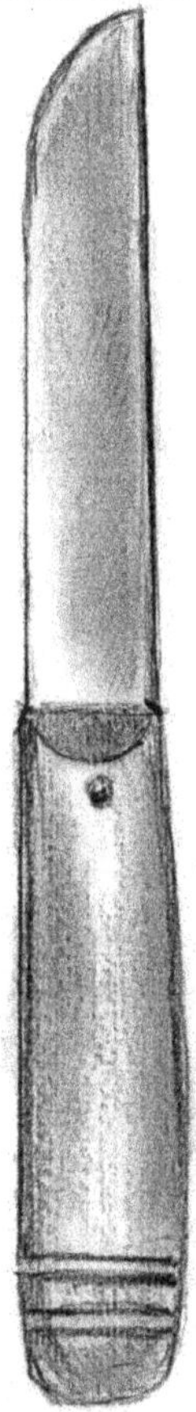

Schneide (Klinge)

Länge: ca.105 mm
Breite:ca. 20 mm

Griffstück

(Holz, hellbraun)
Länge: ca. 105 mm
Breite:ca. 23 mm

Gefertigt:

Weiß
Hauptmann der K

Die obengenannte Skizze wurde nach meinen Angaben und in meinem Beisein gefertigt.

nicht schlafen. Erst jetzt war ihm bewusst geworden, dass alle in Rüdersdorf nun lesen würden, dass er ein Sexualmörder sei. Furchtbar.

Schließlich gab er in der nachfolgenden Vernehmung wieder zu, dass er die Frau tötete – aber nicht aus sexuellen Motiven! *Als ick die Frau tot gemacht habe, habe ick nich mehr gewusst, wat ick mache. Ick hatte nur Angst, dass die noch leben könnte und denn wat gegen mich aussagen könnte.*

Das *Nervenfachärztliche Gutachten* vom 30. Juli 1971 wurde im Haftkrankenhaus für Psychiatrie und Neurologie in Waldheim erarbeitet, in dem sich Benno Unverzagt einige Tage aufhielt. Er war am 1. Juni 1971 in Verantwortung der Abteilung K des PdVP Berlin dem Haftkrankenhaus zugeführt worden – natürlich unter Aufrechterhaltung des Haftbefehls. Die Gutachter Medizinalrat Doz. Dr. med. M. Ochernal und Dr. med. S. Hillmann kamen nach eingehender Untersuchung zu folgendem Ergebnis:

Wir haben dazu zu sagen, dass wir es im vorliegenden Falle … nicht allein mit der Tatsache einer, wenn man so will, »geistigen Eingeengtheit« zu tun haben, denn wenn das allein der Fall wäre, müsste man U. tatsächlich für strafrechtlich v o l l verantwortlich erklären. Es ist aber so, dass … n e b e n geistiger Eingeengtheit eben ein Komplex von psychopathologischen Störungen vorliegt, die insgesamt gesehen eben bereits das erreichen, was man als eine schwerwiegend abnorme Entwicklung der Persönlichkeit m i t K r a n k h e i t s w e r t bezeichnet. Wir haben das Komplexhafte bereits erklärt und können uns demzufolge aus forensisch-psychiatrischer Sicht ganz besonders noch deshalb, weil eben eine eindeutige T a t b e z o g e n h e i t vorliegt, n i c h t dazu entschließen, den Beschuldigten Unverzagt für voll zurechnungsfähig zur Zeit der Tat zu erklä-

ren. Es liegt also bei dem Beschuldigten U. tatsächlich ein erheblicher Grad der abnormen Entwicklung vor, die zu einer so tiefgreifenden, von Kindheit an beginnenden Persönlichkeitsverformung geführt hat, dass ihr Krankheitswert zukommt. Die Auswirkungen dieser abnormen Entwicklung auf die Zurechnungsfähigkeit des U. waren von ihm nicht wesentlich zu beeinflussen und zu beherrschen. Es bildeten sich also auf dieser Grundlage Einstellungen und Verhaltensweisen heraus, die es ihm erheblich erschwerten, sich von den Regeln des gesellschaftlichen Zusammenlebens leiten zu lassen. Dem widersprechen auch nicht »das Geplante«, einige Schutzvorkehrungen für die eigene Person oder die gute Erinnerungsfähigkeit, denn das Tun und Lassen des U. zur Zeit der Tat entspringt schon seit Kindheit an bestehenden, ganz erheblichen, von ihm nicht allein verschuldeten Persönlichkeitsverformungen. Wir sind uns in diesem Punkt der Beurteilung des U., wenn es sich um sexuelle Delikte dieser Art handelt, mit dem Herrn Gutachter [das war Dr. Dr. med. habil. Hans Szewczyk] aus dem Jahre 1970 einig, der ihm ebenfalls t a t b e z o g e n die Schutzfunktion des § 16, 1 StGB zuerkannt hat, und wir möchten zusammengefasst sagen, dass wir forensisch-psychiatrisch im vorliegenden Falle auch keine andere Möglichkeit sehen als die, dem Beschuldigten Unverzagt die Schutzfunktion des § 16 Absatz 1 StGB zuzuerkennen.

Zur Erklärung: § 16 Absatz 1 StGB regelte die verminderte Zurechnungsfähigkeit. Danach war die strafrechtliche Verantwortlichkeit auch gemindert, wenn der Täter wegen einer schwerwiegenden abnormen Entwicklung seiner Persönlichkeit mit Krankheitswert in der Fähigkeit, sich bei der Entscheidung zur Tat von den dadurch berührten Regeln des gesellschaftlichen Zusammenlebens leiten zu lassen, erheblich beeinträchtigt war.

Doch die Gutachter gingen noch einen Schritt weiter: *Im Zusammenhang mit dem eben erwähnten § 16, 1 StGB halten wir es so oder so, das heißt also ganz unabhängig von der eventuell zu erwartenden Strafhöhe, d i e s m a l für unumgänglich, bei U. n e b e n einer Maßnahme der strafrechtlichen Verantwortlichkeit die Einweisung in eine psychiatrische Einrichtung nach den dafür geltenden gesetzlichen Bestimmungen anzuordnen. Ganz unabhängig davon, ob es problematisch ist oder nicht, solche Sexualdelinquenten optimal behandeln zu können, sollte gerade bei solchen schweren strafbaren Handlungen jeder mögliche Versuch unternommen werden, abgesehen davon, dass man solche Menschen für den Fall, dass sie eine Zeitstrafe bekommen, nicht ohne weiteres nach Verbüßung derselben in die Gesellschaft wieder eingliedern kann. Es bedarf dazu für den Fall einer Wiedereingliederung eines Übergangsstadiums, für das bei solchen Tätern eben derzeit nur eine geeignete, auch sichere psychiatrische Einrichtung in Frage kommen kann. Schließlich hat auch der Herr Gutachter Dr. Dr. Szewczyk im Oktober 1970 »die Prognose sehr ungünstig« und »eine Rückfallgefahr als sehr erheblich« angesehen, auch die »Gefahr«, dass U. »in aggressiver Form« auftreten könne, vermerkt, aber bedauerlicherweise nicht schon damals eine Einweisung trotz des von ihm zugebilligten § 16, 1 StGB für den Fall 1970 empfohlen.*

Unverzagt ist haft- und verhandlungsfähig.

Hatte Dr. Dr. Szewczyk einen Fehler begangen, hatte er

die Gefahr nicht erkannt, die vom Drahtzieher (so seine Tätigkeitsbezeichnung) Benno Unverzagt ausging? Das ist anzunehmen, denn laut Strafregisterauszug vom 2. Juni 1971 war er am 23. Dezember 1970 vom Kreisgericht Fürstenwalde wegen sexuellen Missbrauchs von Kindern, Vornahme sexueller Handlungen in der Öffentlichkeit und mehrfachen Diebstahls von Privateigentum zu einem Jahr und drei Monaten Gefängnis verurteilt, die Strafe aber zur Bewährung für zwei Jahre ausgesetzt worden. Man verurteilte ihn weiterhin zur Arbeitsplatzbindung für zwei Jahre. Eine Einweisung in eine psychiatrische Klinik und damit der Versuch einer Therapie von Benno Unverzagt waren nicht erfolgt, und wir können – leider – davon ausgehen, dass es keinen Mord an Dr. Gisela Großmann gegeben hätte, wenn Benno Unverzagt therapiert worden wäre.

Am 16. August 1971 fand die letzte Beschuldigtenvernehmung statt. Sie war kurz und knapp, laut Protokoll nur 50 Minuten. Es war ja auch alles gefragt und gesagt worden. Benno Unverzagt wurden sämtliche Beweismittel, in 20 Punkten aufgelistet, zur Kenntnis gegeben. Die Beweismittel erkannte der Beschuldigte an, Beweisanträge stellte er nicht mehr. Bevor er erklärte, dass er das Protokoll selbst gelesen hatte, der Inhalt seinen Aussagen entspricht und seine Worte richtig wiedergegeben wurden, sagte er noch: *Ick möchte noch von mir aus sagen, dat et mir leid jetan hat, wat ich da mit der Frau jemacht habe.*

So konnte Hauptmann der K Heinz Kraft am 19. August 1971 seinen *Schlussbericht* in dieser Strafsache verfassen. Der ungelernte Drahtzieher wurde beschuldigt, am Mittwoch, dem 24. März 1971, in der Zeit zwischen 19 und 20 Uhr in Berlin-Rahnsdorf, in einem Waldgelände in Nähe des Hegemeisterwegs, die 30-jährige Frau Dr. Gisela Großmann durch Beibringung von insgesamt neun Messerstichen in den Rücken getötet zu haben. Er wurde ebenfalls beschuldigt, am Freitag, dem 23. April 1971, nach 22.45 Uhr in Schöneiche, Kreis Fürstenwalde, Kurze Straße 7, von einem dortigen Hofgrundstück zum Nachteil der Bürgerin Haferkutsche Damenunterwäsche im Wert von circa 55 Mark entwendet zu haben. Eine Tat, die er nach dem Mord verübte, um auf die entwendeten Wäschestücke onanieren zu können; gegenüber dem Tötungsdelikt eine minderschwere Straftat. Es kam auch zur Sprache, dass der Beschuldigte zur damaligen Zeit im dringenden Verdacht stand, in den Ortsteilen Rüdersdorf, Schöneiche und Erkner (1966 bis 1968) in circa 30 Fällen Damenunterwäsche entwendet zu haben, um sich daran sexuell zu befriedigen, in neun Fällen exhibitionistische Handlungen ausgeführt und in drei weiteren Fällen Frauen aus sexuellen Motiven Körperverletzungen zugefügt zu haben.

Als Beweismittel wurden im Schlussbericht aufgeführt: die Aussagen des Beschuldigten und sein handschriftliches Geständnis, Spuren, objektive Beweisgegenstände wie die Kleidung von Opfer und Täter, Besichtigungsprotokolle und Gutachten, Zeugenaussagen und weiteres Material zur Täterpersönlichkeit wie die Betriebsbeurteilung des Kabelwerks Oberspree.

Und wir lesen: *Trotz durchgeführter intensiver Suchaktionen und Einbeziehung der Öffentlichkeit durch Presseinformationen konnten bisher die Aktentasche des Opfers mit dem noch fehlenden restlichen Inhalt sowie das vom Beschuldigten Unverzagt benutzte Tatwerkzeug (Messer) nicht aufgefunden werden.*

Darüber gibt zum Beispiel ein *Maßnahmeplan zur Vorbereitung und Durchführung der Suche nach Beweismitteln im Bereich der Deutschen Reichsbahn auf der S-Bahnstrecke zwischen den Bahnhöfen Berlin-Köpenick und Berlin-Rahnsdorf* vom 19. Juni 1971 exakt Auskunft. Die Suche, an der auch zahlreiche Kräfte der Transport- und Schutzpolizei teilnahmen, dauerte sechs Stunden, war intensiv und gut geplant, aber im Ergebnis eben erfolglos.

Benno Unverzagt erhielt wegen seines kooperativen Verhaltens im Ermittlungsverfahren allerdings eine gute Note: *Der Beschuldigte Unverzagt verhielt sich während seiner Vernehmung und mit ihm durchgeführter Untersuchungshandlungen diszipliniert, sachlich und ruhig. Er war stets bemüht, entsprechend seiner Fähigkeiten und Möglichkeiten zur objektiven Wahrheitsfindung beizutragen.*

Im Schlussbericht wurde besonderer Wert darauf gelegt, die Aussagen des Beschuldigten zum Tatgeschehen anzuführen, die mit den Fakten aus dem objektiven Befund übereinstimmten:

- der Beschuldigte führte die Angehörigen des Untersuchungsorgans zur Tatortgegend und zeigte hier den Tatort; bewiesen durch den Fundortbefundbericht (Fundort 1);
- es wurden von ihm die genaue Lage und Anzahl der beigebrachten Stichverletzungen sowie über die Beschaffenheit des Tatwerkzeugs Aussagen gemacht; bewiesen durch das Sektionsprotokoll;

- das von ihm beschriebene Schleifen seines Opfers in Rückenlage zum späteren Fundort (Richtung Mühlenfließ) wurde durch den objektiven Befund bewiesen;
- beim Wegschleifen seines Opfers will er rückwärtsgegangen sein; dieser Umstand wurde durch gesicherte Schuheindruckspuren (mit Gangrichtung) und Begutachtung bestätigt;
- die Aussage zu den von ihm dem Opfer ausgezogenen Schlüpfern und Entledigung derselben in den Mühlenfließ wurde durch Auffindung der Schlüpfer eben dort bestätigt;
- der von ihm ausgezogene und später ebenfalls in den Mühlenfließ geworfene Rock seines Opfers fand durch Auffindung desselben die Bestätigung dieser Aussage;
- der von ihm ausgesagte Umstand des Abknöpfens der Strümpfe vom Hüfthalter, Belassen der Strümpfe an den Beinen des Opfers sowie Entfernen des Hüfthalters wurde durch den objektiven Befund bewiesen;
- dass er die Schuhe des Opfers in das Waldgelände in Richtung Mühlenfließ von der Fundstelle des Opfers entfernt geworfen hat, wurde durch dementsprechendes Auffinden derselben bewiesen;
- dass er den Büstenhalter mit seinem Tatwerkzeug durchschnitten hat, wobei er vorher dementsprechend die darüber befindliche Kleidung hochschob, wurde durch Auffindungssituation und Begutachtung der Schnittstelle bewiesen;
- die Aussagen des Beschuldigten über Zustand, genaue Lage und Bedeckung der Leiche nach der Tat wurden durch die Auffindungssituation am Fundort 1 bewiesen;

- die Aussagen über das Zerstören des Damenknirpses und Wegwerfen der Stoff- und Metallteile des Knirpses stimmten mit den objektiven Befunden überein;
- seine Aussagen über Aussehen und Inhalt der Aktentasche des Opfers, Zerreißen von Literatur-Bestellscheinen und Wegwerfen derselben sowie anderer Gegenstände des Aktentascheninhalts im Waldgelände wurden durch Aussagen des Zeugen Dr. Gustav Großmann und Feststellungen am Fundort 2 bewiesen;
- die von dem Beschuldigten getätigten Aussagen zur Tatzeit und über die zur Tatzeit herrschenden Witterungsverhältnisse wurden durch Todeszeitbestimmung an der Leiche, durch den klimatologischen Bericht, Ermittlungen und Aussagen von Zeugen bestätigt;
- weiterhin wurde durch Sachverständigenbegutachtung nachgewiesen, dass an der Kleidung des Opfers geringe Kupferspuren vorhanden sind, wobei nicht auszuschließen ist, dass die Übertragung dieser Spuren aus dem Tathergang resultiert, da der Beschuldigte ständig mit Kupferrückständen auf seiner Arbeitsstelle in Berührung kam.

Schon am 27. August 1971 verfasste der zuständige Staatsanwalt Miltz von der Generalstaatsanwaltschaft von Groß-Berlin die *Anklageschrift* in dieser Sache, wobei er sich wesentlich auf den Schlussbericht der Morduntersuchungskommission bezog. *Mit seiner Tat hat sich der Beschuldigte, hemmungslos seinen abnormen sexuellen Gelüsten folgend, eines der schwersten Verbrechen, der Tötung eines Menschen schuldig gemacht, obwohl er auch als ver-*

mindert Zurechnungsfähiger absolut in der Lage war, von seiner Tat Abstand zu nehmen. Aus seiner Tat spricht eine rigorose, äußerst schwerwiegende gesellschaftsgefährliche Missachtung der Regeln des gesellschaftlichen Zusammenlebens und des menschlichen Lebens. Staatsanwalt Miltz beantragte, das Hauptverfahren vor dem Stadtgericht von Groß-Berlin – Strafsenat – zu eröffnen, einen Termin zur Hauptverhandlung anzuberaumen, die Fortdauer der Untersuchungshaft aus den Gründen ihrer Anordnung zu beschließen und Herrn Wolfgang Schuhmacher als Vertreter des Arbeitskollektivs des Beschuldigten zur Hauptverhandlung zu laden.

Die öffentliche Hauptverhandlung fand am 14. und 15. Oktober 1971 vor dem Strafsenat 2 a des Stadtgerichts von Groß-Berlin statt – unter Vorsitz von Oberrichter Lisdat. Am ersten Tag wurde von 9.00 bis 17.10 Uhr verhandelt, am zweiten Tag von 8.30 bis 11.15 Uhr. Für die Verkündung des Urteils am 18. Oktober 1971 brauchte das Gericht dann nur noch eine halbe Stunde (15.00 bis 15.30 Uhr).

Im Namen des Volkes hatte der Strafsenat für Recht erkannt: *Der Angeklagte wird wegen Mordes – Verbrechen nach § 112 Abs. 1 StGB – zu lebenslanger Freiheitsstrafe verurteilt. Die staatsbürgerlichen Rechte werden dem Angeklagten für dauernd aberkannt. Die Auslagen des Verfahrens trägt der Angeklagte.*

In der Urteilsbegründung können wir lesen, dass der Angeklagte die Tat in vollem Umfang gestanden hatte und dass sich seine Angaben zur Tatausführung mit den Untersuchungsbefunden bei der Obduktion durch den

Sachverständigen des gerichtsmedizinischen Instituts und in den wesentlichen Punkten mit den kriminalistischen Feststellungen am Tatort und seiner Umgebung decken. Es gab lediglich einige Ungenauigkeiten bei der Beschreibung der Farbe von Kleidungsstücken der Getöteten durch den Angeklagten, was sich aus der schon eingetretenen Dämmerung zum Zeitpunkt der Tatausführung und der Konzentration des Angeklagten auf sein Vorhaben erklärt. Der Angeklagte hatte unmittelbar nach seiner Inhaftnahme ohne Vorhalte eine konkrete Beschreibung des Tatortes und der Tatausführung abgegeben. Schon zu dieser Zeit konnte eine Übereinstimmung mit den zwei Monate vorher erhobenen Befunden festgestellt werden. Nach den Hinweisen und Angaben des Angeklagten wurde mit ihm der Tatort aufgesucht. Er führte die Angehörigen des Untersuchungsorgans sehr sicher zu den Orten der einzelnen Etappen seiner Straftat. Es kam auch hier zu geringfügigen Abweichungen, weil sich die Vegetation in den Frühjahrsmonaten inzwischen verändert hatte. Derartig konkrete Angaben konnten nur durch den Täter erfolgen.

Der Rechtsanwalt von Benno Unverzagt, Friedrich Möller, legte am 18. November 1971 mit folgender Begründung Berufung gegen dieses Urteil ein:

Nach der Urteilsverkündung hat mir der Angeklagte erklärt, dass sein Geständnis falsch war. Er hat mir erklärt, dass er den Mord an Frau Dr. Großmann nicht begangen hat, dass er nur aus Angst in der Vernehmung ein Geständnis abgelegt hat.

In einer Unterredung mit der Mutter des Angeklagten und dem Stiefvater haben mir diese ebenfalls mitgeteilt, dass der Angeklagte Benno Unverzagt die Tat nicht begangen haben kann. Sie haben nachträglich anhand von Zeitungen den 24. März 1971 in ihr Gedächtnis zurückrufen können. Sie haben festgestellt, dass an diesem Tage verschiedene internationale Fußballspiele in Berlin und auswärts stattgefunden haben und können sich deshalb an die Ereignisse dieses Tages erinnern.

Im Folgenden wird für Benno Unverzagt ein Alibi konstruiert, das auf tönernen Füßen zu stehen scheint. Es wird weiterhin darauf hingewiesen, dass der Angeklagte verschiedentlich bei anderen Gelegenheiten Dinge zugegeben hat, die er nicht beging. So hatte er im Betrieb gestanden, unberechtigt mit einem Elektrokarren gefahren zu sein. Später wurde aber festgestellt, dass ein anderer Kollege es getan hatte. In einem anderen Fall hatte er zugegeben, aus einem Haus Sofakissen gestohlen zu haben. Eine Überprüfung hatte dann ergeben, dass er es nicht war. *Wenn diese Zeugen bestätigen, dass der Angeklagte leichtfertig Dinge zugibt, die er nicht getan hat, dann kann das auch für die Bewertung seines Geständnisses nicht ohne Auswirkungen bleiben.*

Das Berufungsverfahren vor dem Obersten Gericht der DDR (5. Strafsenat, Aktenzeichen 5 Ust 83/71) unter dem Vorsitz von Oberrichter Roehl begann am 7. März 1972 um 10 Uhr. Es wurde eine eigene Beweisaufnahme durchgeführt, auch am 8. und 9. März 1972. Der Vertreter des Generalstaatsanwalts führte in seinem Plädoyer aus:

Es ist das Recht eines Angeklagten, sich Fehler der Ermittlungsorgane für die Verteidigung zunutze zu machen. Der Fehler der Kriminalpolizei besteht darin, dass, nachdem sich der Angeklagte selbst der Tat bezichtigt hatte und seine folgenden Einlassungen eine Detailkenntnis zeigten, wie sie niemand anderes als der Täter haben kann, versäumt worden ist, alle Möglichkeiten zur Überprüfung des Alibis des Beschuldigten zu nutzen. Der Vorwurf der Verteidigung, warum nicht anhand der am 24. März 1971 stattgefundenen Fußballspiele die Überprüfung vorgenommen worden ist, ist unbegründet. Die Volkspolizei hat zu keiner Zeit von irgendeiner Stelle einen derartigen Hinweis bekommen. Dem Untersuchungsorgan kann jedoch der Vorwurf nicht erspart bleiben, dass es die Eltern des Angeklagten nicht konkret zum Ablauf des 24. März 1971 zeugenschaftlich gehört hat. Es hätte versucht werden müssen, den 24. März 1971 im Gedächtnis der Zeugen zu rekapitulieren.

Der Angeklagte hat zwar in einem Widerruf vom 12. Juni dargelegt, dass er am 24. März mit seinem Vater im Lokal gewesen sei, aber dann, als er konkret dazu befragt wurde, ausgesagt, dass der Gaststättenbesuch am Morgen dieses Tages erfolgt sei. Die dennoch in dieser Richtung durchgeführten Ermittlungen haben die letzteren Angaben des Angeklagten dann auch bestätigt.

Den Behauptungen der in der heutigen Beweisaufnahme als Zeugen gehörten Eltern und den Aussagen des Angeklagten, jetzt ganz genau zu wissen, dass der Angeklagte mit seinem Stiefvater gerade am 24. März 1971 gemeinsam zur Arbeit gefahren sei, stehen die objektiv getroffenen Feststellungen entgegen. Auch die Tatsachen, die der Angeklagte über die Einzelheiten des Mordes gekannt und zu denen er sich auch bekannt hat, stehen seinem Vorbringen, nicht der Täter zu sein, entgegen.

Das letzte Wort hatte der Angeklagte, und der erklärte, dass er unschuldig sei.

Am 13. März 1972 erging das Urteil des Berufungsgerichts. Die Berufung gegen das Urteil des Stadtgerichts von Groß-Berlin vom 18. Oktober 1971 wurde als unbegründet zurückgewiesen. Die im Rechtsmittelverfahren entstandenen Auslagen wurden wiederum dem Angeklagten auferlegt.

Benno Unverzagt, der seine lebenslange Freiheitsstrafe in der Strafvollzugseinrichtung Brandenburg verbüßte, bemühte sich mit einem Schreiben an den Generalstaatsanwalt von Berlin vom 4. Januar 1977 um ein Wiederaufnahmeverfahren, das man aber ablehnte. Der Leiter der Strafvollzugsanstalt schickte am 6. Juli 1988 eine Beurteilung des Strafgefangenen Unverzagt an den Generalstaatsanwalt von Berlin, Hauptstadt der DDR, in die Littenstraße 16/17 nach Berlin-Mitte. Darin werden ihm eine positive Einstellung zum Staat sowie ein vorbildliches Verhalten bescheinigt. Offenbar war ein Gnadengesuch eingegangen, was aus dem heute vorliegenden Aktenmaterial aber nicht eindeutig hervorgeht.

Die DDR war gerade untergegangen, da überprüfte die Staatsanwaltschaft bei dem Landgericht Berlin die Haftsache Benno Unverzagt (Kap Js 1300/90). Sie konstatierte, dass der Verurteilte zur Tatzeit (24. März 1971) ein Heranwachsender war (18 Jahre und 9 Monate). Das DDR-Recht kannte den Begriff des Heranwachsenden nicht. Für Personen ab 18 Jahren traf der allgemeine gesetzliche Strafrahmen für Erwachsene zu, ohne eine Reife- beziehungsweise Entwicklungsprüfung. Nach dem Einigungsvertrag waren nun diese Strafen der Jugendstrafe gleichgestellt; die Höchstjugendstrafe belief sich auf 10 Jahre.

Die Berliner Senatsverwaltung für Justiz argumentierte in einem Brief an den Generalstaatsanwalt bei dem Kammergericht ebenso: *Nach den Bestimmungen des Einigungsvertrages … werden die gegen einen Jugendlichen oder einen Heranwachsenden erkannten Freiheitsstrafen für die Anwendung des Jugendgerichtsgesetzes der Jugendstrafe gleichgestellt. Danach ist die festgesetzte lebenslange Freiheitsstrafe wie eine Jugendstrafe zu behandeln und hat der Verurteilte nicht mehr als zehn Jahre der verhängten Strafe zu verbüßen (§ 18 Abs. 1 Satz 2 JGG). Obwohl sich der Verurteilte Unverzagt bereits mehr als 19 Jahre in Strafhaft befindet, ist die Strafvollstreckung bisher nicht unterbrochen worden. Wir bitten, die sofortige Entlassung des Verurteilten zu veranlassen.*

Durch Beschluss des Amtsgerichts Tiergarten vom 4. Februar 1991 wurde Benno Unverzagt umgehend aus dem Strafvollzug entlassen. Was aus ihm geworden ist, wissen wir nicht.

Dr. Gustav Großmann verließ Rahnsdorf und bezog eine Wohnung in Berlin-Mahlsdorf in der Hamburger Straße 79. Der brutale Mord an seiner Frau hatte sein Leben zerstört, das ebenfalls unter mysteriösen Umständen endete.

Bleibt zu diesem Fall noch aufzuklären, dass nicht ermittelt werden konnte, von wem die Spur 50 mit dem geheimnisvollen Inhalt in Steno- und Schreibschrift, auf der Vorwürfe der Polizei gegen eine Person mit sadistischen

Neigungen (?) erhoben worden sind, verfasst worden war. Das wird für uns immer ein Rätsel bleiben. Koinzidenz heißt fachsprachlich das Zusammenfallen oder Zusammentreffen von zwei Ereignissen, die aber auch gar nichts miteinander zu tun haben. Eine Verbindung von solchen zufällig nebeneinander existierenden Ereignissen zu konstruieren, hat in der Vergangenheit immer wieder zu kriminalistischen Fehlschlüssen und Justizirrtümern geführt oder die Aufklärung von brisanten Fällen ganz unmöglich gemacht.

Schon der Altmeister der Kriminalistik Hans Groß, der am 9. Dezember 1915, also vor über 100 Jahren starb, schrieb in seiner berühmten *Criminalpsychologie* von 1898: »Finden wir nichts, so ist es verhältnismäßig noch am besten, schlimm ist es aber in den häufigen Fällen, wo wir das Richtige fälschlich gefunden zu haben glauben und es dann verfolgen.«

In unserem Fall hatte man die Spur 50 rechtzeitig als nicht relevant ausgeschlossen – ehe sie Schaden anrichten konnte.

Die eingangs zitierte Feststellung von Sherlock Holmes, dass das Leben so unendlich viel seltsamer ist als alles das, was der menschliche Verstand erfinden könnte, steht ganz am Ende auf unserem Prüfstand. Hätte sich ein Kriminalschriftsteller all dies ausdenken können? Wir denken nein, weil es auch noch wundersame Ketten von Ereignissen und verblüffende Zufälle gibt, die sich bizarr um diesen Kriminalfall ranken. Wir sollten daher von ganz weit oben, wie Sherlock Holmes es ja empfohlen hatte, und nun mit gebotenem zeitlichen Abstand auf die

Landschaft und die Geschehnisse schauen. Das eröffnet immer wieder neue Einblicke. Man erspäht dann nur die Möglichkeiten – und nicht die Grenzen. Und Möglichkeiten, Verbrechen zu begehen, gab es viele im Rahnsdorfer Forst.

Ein Serientäter hatte 1971 in Rahnsdorf und Umgebung für Angst und Schrecken gesorgt. Elf Frauen waren gefesselt, geknebelt und vergewaltigt worden. Der »Schrecken von Rahnsdorf« war in aller Munde, und der Druck auf die Polizei, diesen brutalen Täter dingfest zu machen, wuchs von Tag zu Tag. Schließlich konnte der Täter, der Bauhilfsarbeiter Dieter H., im Zuge intensiver Ermittlungen im Mordfall Dr. Gisela Großmann am 22. April 1971 verhaftet werden. Die Ermittlung und Täterüberführung gelang durch einen Hinweis des Fahndungsbevollmächtigten der VP-Inspektion Berlin-Lichtenberg. In einer *Information zur Aufklärung des Notzuchtverbrechens vom 5.4.1971 in Berlin-Hirschgarten* der Hauptabteilung IX/7 des MfS vom 23. April 1971 liest sich das so: *Ein Tatzusammenhang zur Mordsache Großmann ist bisher nicht festgestellt; Spuren und Sachbeweise aus dieser Sache können beim Notzuchttäter H. nicht eingeordnet werden. Nach dem gegenwärtigen Untersuchungsstand gibt es keine Anhalte im Hinblick auf eine Täterschaft des H. in der Mordsache Großmann.*

Dieter H. war nicht der Mörder von Dr. Gisela Großmann, das stand schnell fest, obwohl zunächst einiges für eine Täterschaft sprach. Er hatte seinen Opfern von vorn aufgelauert und stieß sie in das anliegende Waldgelände. Dann bedrohte er sie mit den folgenden Worten: »Wenn du schreist, dann passiert was, denn ich habe ein Messer bei mir.«

Der Bauhilfsarbeiter Dieter H. wohnte damals in Berlin-Mahlsdorf und wurde vom Stadtbezirksgericht Köpenick zu zehn Jahren Gefängnis verurteilt, die er auch absitzen musste – ohne jeglichen Versuch einer Therapie. Vermutlich war hier aber eine große Chance vertan worden.

Als die Kriminalpolizei Dr. Gustav Großmann mitteilte, dass an seiner Frau ein Sexualverbrechen verübt und sie dabei getötet wurde, fragte er sofort: »Hat ›Der Schrecken von Rahnsdorf‹ wieder zugeschlagen?« Nein, das hatte er nicht.

Aber später schlug Dieter H. wieder zu. 1984 wurde im Köpenicker Forst eine junge Frau gefesselt, geknebelt und vergewaltigt. Major, später Oberstleutnant der K Berndt Marmulla, ein hochbegabter Ermittler mit Verve und Intuition, zuvor stellvertretender Leiter des Dezernats X im PdVP Berlin, arbeitete zu dieser Zeit als Kripochef des Stadtbezirks Marzahn. Später konnte er sein Können als Leiter des Dezernats X unter Beweis stellen.

Das Dezernat X, 1979 gebildet und nur in der Hauptstadt der DDR existent, war für die Bekämpfung von Brennpunktkriminalität (Serienstraftaten) in Ostberlin zuständig. Durch effektive Methoden der Bekämpfung der Brennpunkte wurden in dieser Sondereinheit unter der Leitung von Berndt Marmulla von 1984 bis 1989 alle Verbrechen aufgeklärt und sämtliche Täter ermittelt. Eine erstaunliche Bilanz!

Die Gründung dieser Spezialeinheit stand im Zusammenhang mit Banküberfällen der RAF in Westberlin, die auch in die DDR ausstrahlten. Man legte großen Wert darauf, dass zur Bearbeitung von Brennpunkten, Delikthäufungen und schweren Straftaten geeignete Kräfte zusammengezogen wurden, die ständig zusammenarbeiteten und nicht nur eine zeitlich begrenzte Untersuchungsgruppe bildeten.

Als Berndt Marmulla die Vergewaltigung vom Köpenicker Forst auf den Tisch bekam, dachte er sofort an den Serientäter Dieter H., der 1971 in der Nähe des S-Bahnhofs Rahnsdorf Frauen gefesselt, geknebelt und vergewaltigt hatte.

Aber auch jetzt war Dieter H. nicht leicht zu überführen. Er hatte aus seinen früheren Missetaten gelernt und sich für den Fall, dass ihn die Kriminalpolizei wegen der Vergewaltigung vernehmen sollte, ein Alibi gebastelt, das erschütterungsfrei war. Jedenfalls nach der Auffassung des Bauhilfsarbeiters.

Doch Berndt Marmulla blieb hartnäckig an dem Fall dran – und an Dieter H. Aber erst die Durchsuchung seines Spindes auf der aktuellen Baustelle brachte einen kleinen Silberstreif am Horizont. In seinen Filzstiefeln fanden sich Ketten, wie sie zuvor vom Opfer beschrieben wurden. Und kurze Zeit später gestand Dieter H. seinem Vernehmer Berndt Marmulla die Vergewaltigung. Aber erst nach dem Versprechen, für den Bauhilfsarbeiter eine Therapie zu organisieren.

Das Stadtbezirksgericht Marzahn verhängte diesmal keine mehrjährige Freiheitsstrafe, sondern die Einweisung in eine psychiatrische Einrichtung. Diese durfte er schon nach einem Jahr wieder verlassen. Ein Gutachter stellte fest, dass sich Dieter H. im Rahmen der Einzeltherapie sehr gut stabilisierte. Hinzu kam, dass er sich nunmehr in einer festen Beziehung befand und einen gut bezahlten Job als Gabelstaplerfahrer antrat. Da waren die Prognosen in der Tat sehr günstig. Dieter H. war ein Sexualstraftäter, der sich bei Problemen sofort an den Therapeuten wandte. So sah seine Zukunft sehr optimistisch aus.

Dennoch, Berndt Marmulla und seine Mitarbeiter hatten Dieter H. nach der Entlassung aus der psychiatrischen Einrichtung immer im Blick. Im Strafgesetzbuch der DDR gab es dazu eine gesetzliche Grundlage. Der § 48 regelte, dass bei einer Verurteilung wegen einer vorsätzlichen Straftat zu einer Freiheitsstrafe das Gericht zur Verhütung erneuter Straffälligkeit zusätzlich auf staatliche Kontrollmaßnahmen durch die Deutsche Volkspolizei erkennen konnte. Das war stets mit strengen Auflagen verbunden.

Mit dem Untergang der DDR war eine solche kriminalpräventive Kontrolle nicht mehr möglich. Die Verbrechen von Dieter H. waren im Bundeszentralregister nicht erfasst, und die gerichtliche Einweisung in die Psychiatrie gehörte nach bundesdeutschem Recht nicht in dieses Register. Dieter H. war plötzlich und unerwartet spurlos aus allen Dateien der staatlichen Organe verschwunden.

Als seine Eltern verstarben, hatte er das nett anzusehende Haus in der Kaulsdorfer Lindenstraße 7 endlich für sich, und er hatte genügend Zeit, sich hinter einer Geheimtür im Keller insgesamt sechs Räume auszubauen. Darin gab es mit Gitter abgeteilte Verschläge, diverse Folterwerkzeuge, auch einen alten Stuhl für gynäkologische Untersuchungen, lebensgroße Gummipuppen, mit denen er sadomasochistische Spiele trieb. Er hatte viel Geld für die notwendige Fachliteratur und das Zubehör ausgegeben, aber irgendwann reichten ihm die Gummipuppen nicht mehr.

Am 14. Februar 1999 kurz vor 19 Uhr hatte Silke R. unweit des S-Bahnhofs Altglienicke eine Abkürzung gewählt – und wurde in einem VW Passat von Dieter H. entführt. In den Folterkeller. Das Martyrium der schwangeren Frau dauerte sechseinhalb Wochen. Nur durch Zufall wurde das Opfer von der Schwester des Vergewaltigers gefunden, denn dieser hatte mit seinem Passat einen Selbstmordversuch unternommen.

Aber das ist eine ganz neue Geschichte, die ein andermal erzählt werden soll …

Die Tote in der Besenkammer

Von dem US-amerikanischen Prediger Clarence W. Hull ist ein kluger Satz überliefert: »Ostern besagt, dass man die Wahrheit ins Grab legen kann, dass sie aber nicht darin bleibt.« Wir sind mitten im Osterfest des Jahres 1967 in der Hauptstadt der DDR im Stadtbezirk Friedrichshain, und wir wollen sehen, was zu eben dieser Zeit dort alles geschehen ist und wie es sich mit der Wahrheit verhalten hat.

Unser Fall begann mit einer durchaus löblichen nachbarschaftlichen Bitte um Fleckenwasser. Seit 1959 wohnten Herta und Heinrich Lobedan mit ihrem Sohn Ludwig in der Boxhagener Straße in diesem Berliner Stadtbezirk

Hier wohnten die Mieter friedlich unter einem Dach …
Ansicht des Wohnblocks in der Boxhagener Straße (1967)

mit der Postleitzahl 1035, im Vorderhaus im Parterre. Im gleichen Haus lebten Emma Mager und ihr Enkelsohn Günter Paschen mit anderen Mietern friedlich unter einem Dach.

Am Ostersonntag, wir schreiben den 26. März 1967, klingelte es in den Vormittagsstunden an der Lobedanschen Wohnungstür, die Sohn Ludwig öffnete. Günter Paschen, ein halbes Jahr jünger als Ludwig – 18 Jahre alt –, stand im Hausflur und bat, ihm leihweise Fleckenwasser auszuhändigen, was er sofort wieder zurückbringen würde. Ludwigs Mutter erschien, neugierig wie sie war, gleich mit auf dem Korridor, und da sie kein Fleckenwasser hatte, bot sie dem jungen Nachbarn eine entsprechende Seife an, mit der man auch gut Flecken wegbekommen würde.

»Was für Flecken willst du denn entfernen?«, wollte sie wissen.

»Nichts Schlimmes, ich habe einen dicken Fettfleck auf meiner Jacke.«

Daraufhin erklärte Frau Lobedan dem jungen Mann lang und breit, wie er diesen Fleck wegbekommen würde. Günter unterbrach sie aber und meinte nur: »Ja, ja, ich kriege das schon hin.«

Nach dem Mittagessen brachte Günter Paschen den Lobedans das Stück Seife zurück, denn er schien wohlerzogen.

Gegen 17.30 Uhr schaute Herta Lobedan aus dem Fenster und sah Günter Paschen mit seiner Freundin Gabi, die in der Schönhauser Allee wohnte, aus dem Haus kommen. Herta Lobedan und Emma Mager, Günters Großmutter, unterhielten eine Art Freundschaft, sie halfen sich in hauswirtschaftlichen Dingen und duzten sich sogar. Frau Mager war schon Rentnerin, aber noch sehr rüstig, wie man zu damaliger Zeit sagte, und sie ging sogar noch halbtags arbeiten. Die Nachbarinnen hatten sich aber ein paar Tage nicht gesehen.

»Wie geht's denn deiner Oma?«, rief Herta Lobedan aus dem Fenster in Richtung des Paares, das sich schon ein Stück vom Haus entfernt hatte. Es drehte sich um, und Günter begrüßte die Nachbarin sehr freundlich. »Ach, Frau Lobedan. Nicht so gut. Oma ist seit Donnerstag im Krankenhaus Friedrichshain, im Haus 13. Sie ist in der Wohnung ohnmächtig geworden, und nicht einmal ich darf sie besuchen. Ich bekomme aber Bescheid, wenn sie wieder Besuch empfangen kann. Dann gehe ich natürlich hin.«

»Das ist ja sehr traurig. Halte mich bitte auf dem Laufenden. Kann ich dir irgendwie helfen?«

»Nö, es geht schon alles. Denn einen schönen Tag noch.« Gabi und Günter entfernten sich heiter mit schnellen Schritten.

Gegen 20.30 Uhr läutete Günter Paschen wieder an der Lobedanschen Wohnungstür. Ludwig öffnete und war erstaunt, dass abermals Frau Magers Enkelsohn vor der Tür stand. Denn ihr Kontakt war trotz des gleichen Alters eher lose, auf jeden Fall waren sie nicht befreundet. Das sollte sich aber bald ändern.

»Hast du Lust nach oben zu kommen? Ich will 'ne Party schmeißen. Gabi, meine Freundin, du weißt schon, ist auch da, und sie hat auch eine Freundin mitgebracht.

Eine ganz schicke. Also, wenn du Lust hast, komm einfach hoch.«

Ludwig Lobedan teilte seinen Eltern kurz und knapp mit, dass er oben (Frau Mager und ihr Enkelsohn wohnten auch im Vorderhaus im 2. Stockwerk in der Mittelwohnung) ein wenig feiern werde, es könne spät werden. Sie sollten sich keine Sorgen machen.

Bis 23 Uhr blieben die vier zusammen in der Wohnung, der Fernseher lief, sie tranken Sekt und Wein, hörten Musik, sie tanzten und lachten. Die Stimmung war ausgelassen, wie es ja bei jungen Leuten gewöhnlich ist, die noch ein ganzes langes Leben vor sich haben. Eine Zukunft, die wohl unerschütterlich vor ihnen lag. Jedenfalls schien es so. Als Ludwig und Günter in der Küche allein waren (die Mädchen schunkelten gerade im Wohnzimmer), fragte Ludwig, wie es denn der Großmutter gehe und wie es überhaupt zu dieser Krankenhauseinlieferung gekommen sei. Günter erzählte daraufhin, dass seiner Oma am Donnerstag vor Ostern, also am 23. März 1967, in ihrer Wohnung schlecht geworden sei, sie keine Luft mehr bekam und ständig röchelnd zum geöffneten Fenster lief. Der Enkelsohn wusste keinen Rat mehr, er lief aus der Wohnung, um nach dem Notarzt zu telefonieren. Als er wieder zurück war, fand er seine Großmutter nicht mehr vor. Er hatte sich große Sorgen gemacht und war irritiert, aber nach einiger Zeit kam ein ihm fremder Mann, der ihm sagte, dass seine Oma, Emma Mager, in das Krankenhaus Friedrichshain eingeliefert worden ist und sich im Haus 13 befinden würde. Näheren Bescheid würde er dann noch vom Krankenhaus erhalten.

Die Freundin von Gabi hieß Manuela. Sie war, wie Ludwig, ein wenig schüchtern, hatte haselnussbraune Augen und trug einen kurzen Rock. Als Günter und Gabi für ein paar Minuten in der geräumigen Küche verschwanden und nicht gestört werden wollten, waren sie sich sogar ein wenig näher gekommen. Manuela war auf der Couch an Ludwig herangerückt und hatte seine Hand berührt, die er aber nach einigen Sekunden zurückzog.

»Ich muss jetzt nach Hause«, sagte sie daraufhin. »Meine Eltern sind sehr streng, wenn ich nicht pünktlich zu Hause bin.«

Manuela verließ die Wohnung, und die drei feierten kräftig weiter. Sie tanzten und tranken und sangen, besser summten Schlager, die damals noch nicht Hits hießen und in aller Munde waren. Zum Beispiel *All You Need Is Love* und *Penny Lane* von den Beatles, auch *Dear Mrs. Applebee* von David Garrick. Ihr Englisch war grauenhaft, und eigentlich wurden nur die Titelzeilen gesungen. Aber immerhin. Gegen halb zwei überfiel sie dann die Müdigkeit, und sie beschlossen, betrunken, wie sie waren, alle gemeinsam im Wohnzimmer zu schlafen. Ludwig auf der Couch, auf der er mit Manuela gesessen hatte, und Günter und Gabi im Bett der Großmutter, das ebenfalls im Wohnzimmer stand, denn es war eine großzügige Ein-Raum-Wohnung mit Badezimmer und geräumiger Küche, alle Fenster zur Boxhagener Straße. Und mit einer Besenkammer, natürlich ohne Fenster.

Am Ostermontag war Ludwig Lobedan gegen 10 Uhr wieder in der elterlichen Wohnung, um aber gleich noch einmal in das 2. Stockwerk in die Wohnung von Mager und Paschen zu gehen, denn Gabi war noch da. Und Ludwig hoffte, dass ihre Freundin, die Manuela, auch wieder eintreffen würde, denn die Nacht über hatte sie ja zu Hause bei ihren Eltern verbracht, war also höchst folgsam gewesen. Und vielleicht erlaubten ihre Eltern einen neuerlichen Besuch in der Boxhagener Straße.

Ludwig musste in der ganzen Rauschnacht, er war oft wach, an dieses Mädchen denken, auch, als er wieder unten bei den Eltern war. Einen Moment überfielen ihn wilde Zweifel. War sie wirklich nach Hause gegangen? Denn Ludwig hatte nur ein paar Abschiedsfloskeln auf dem Flur vernommen und so etwas wie einen kleinen Aufschrei, während er mit Gabi auf dem Sofa saß und sie sich zuprosteten. Nur Günter hatte Manuela zur Tür begleitet. Ludwig kam es einen Augenblick so vor, als wenn sie die Wohnung gar nicht verlassen hatte und die Tür zweimal zuschlug. Oder zwei Türen einmal? Manuela war jedenfalls weg, und um die schöne Stimmung nicht zu zerstören, hatte Ludwig nicht weiter nachgefragt, ob Manuela wirklich nach Hause gegangen war. Aber wo sollte sie denn auch sein? Dann zerstreuten sich seine Zweifel. Er dachte mal wieder viel zu kompliziert, in Vorahnungen; seine Mutter empfahl ihm daher, sich einmal bei einem Nervenarzt vorzustellen.

In dem Moment aber, als der verliebte Ludwig wieder auf dieser Couch saß, mit einem vollen Sektglas in der Hand, spürte er irgendwie ihre Anwesenheit. Vielleicht nicht ihre körperliche, aber ihre Aura und ihr Duft lagen immer noch fein ausgebreitet wie ein Teppich in dem Wohnzimmer.

Bis zum Mittag verblieb Ludwig bei Günter und Gabi; zum Mittagessen müsste er aber pünktlich zu Hause sein, da verstanden Herta und Heinrich Lobedan keinen Spaß. Der Ordnung halber isst die Familie immer zusammen Mittag. Punkt und keine Widerrede. Gegen 19.30 Uhr klingelte Günter Paschen abermals an der Lobedanschen Wohnungstür, lud Ludwig zum gemeinsamen Fernsehen nach oben ein und bat um etwas zu essen, da er nichts mehr im Hause hatte. Ludwig nahm Kuchen mit, den ihm seine Mutter mitgab. Gabi war immer noch da, Manuela nicht mehr gekommen. Und so schauten sich die drei jungen Leute die Krimisendung *Blaulicht* an, die im DDR-Fernsehen lief. Danach brachten die beiden jungen Männer Gabi nach Hause, es war nach 21 Uhr. Sie fuhren wieder mit der Straßenbahn. Vor Gabis Haustür in der Schönhauser Allee verabschiedeten sich Günter und Gabi inniglich. Ludwig war das peinlich, er drehte sich weg und fixierte einen Hund, der gerade mit seinem Herrchen die beleuchtete Allee entlangging. Beide waren schon alt, und irgendwie hatten beide den gleichen Laufstil. Ludwig musste unwillkürlich an die berühmte Szene aus dem französischen Film *Ein Mann und eine Frau* denken, der 1967 auch in den DDR-Kinos lief und den Ludwig kürzlich allein im berühmten Minikino *Intimes* an der Kreuzung Boxhagener Straße/Niederbarnimstraße gleich um die Ecke gesehen hatte. In diesem Film lief auch ein Mann mit einem Hund in Richtung einer Mole, soweit sich Ludwig erinnern konnte, und auch diese beiden waren vom Gangbild nicht zu unterscheiden gewesen. Das hatte einen Lacher in dem bescheiden gefüllten Kino hervorgezaubert.

Es war ein schönes Osterfest gewesen, Günter und Ludwig hatten sich irgendwie angefreundet, gemeinsam etwas erlebt, Manuela, die Schüchterne und Schöne, war vage in das Leben von Ludwig getreten, und einen Moment dachte er daran, dass sie gemeinsam alt werden. Würden sich dann auch ihre Schritte angleichen, sie sich immer ähnlicher werden, oder wie war das mit dem Leben, das vor ihnen lag? Davor stellte sich aber eine ganz einfache Frage: Würde er sie überhaupt wiedersehen?

In der Boxhagener Straße angekommen, ging jeder in seine Wohnung. Ludwig hörte noch, wie Günter oben im 2. Stockwerk seine Wohnungstür aufschloss. Ging aber auch jeder in sein Bett? Am Tag danach verloren sich einige Spuren. Was war nur geschehen?

Am Tag danach, also an einem Dienstag, klingelte Ludwig in den Abendstunden mehrfach bei Günter an der Wohnungstür, aber Günter öffnete nicht. Ludwig hatte noch keinen Beruf erlernt, arbeitete aber schon in seinen jungen Jahren als Prüfer im Werk für Fernsehelektronik in Berlin-Oberschöneweide. Arbeitskräfte wurden überall benötigt. Auch am Mittwochabend war Günter nicht zu erreichen, und so konnte er die in ihm brennende Frage, wo Manuela denn wohne, nicht stellen. Aber vielleicht wusste das Günter auch gar nicht so genau.

Ludwig fuhr an diesem Mittwoch wieder in die Schönhauser Allee, dorthin, wo Gabi mit ihren Eltern wohnte. Er wusste ihren Familiennamen nicht, aber wie durch einen glücklichen Zufall kam Gabi gerade aus dem Haus, als er sich ziemlich unschlüssig an die Hauswand lehnte.

»Mensch, Gabi, gut, dass ich dich treffe. Weißt du, wo Günter ist? Er ist wie vom Erdboden verschluckt.«

»Keine Ahnung, ich weiß auch nicht, wo er ist. Aber deswegen kommst du doch nicht hierher. Oder?«

»Eigentlich nicht, ich wollte nur wissen, wo Manuela wohnt.«

Gabi lächelte. »Ah, biste verknallt?«

Die Frage war Ludwig sehr unangenehm, und bevor er etwas stammeln konnte, antwortete Gabi. »Na klar biste das. Aber ich muss dich enttäuschen, Manuela ist von zu Hause weg. Es gab einen Riesenknatsch, weil sie schon um zehn zu Hause sein sollte, und nicht erst um zwölf. Da ist sie einfach abgehauen. Das haben mir ihre Eltern gesagt. Sie haben auch keine Ahnung, wo sie sein könnte. Die Polizei, die sucht schon.«

Ludwig war sprachlos. »Und nun?«

»Nichts und nun. Es kommt 'ne Neue, glaub mir das. Ich muss mir wahrscheinlich auch was Neues suchen. So ist das Leben halt. Immer auf der Suche.«

»Und wo wohnt Manuela?«

Gabi überlegte kurz. »Saarbrücker Straße 14. Ihr Name ist Schmidt. Du kannst ja weiterhin dein Glück versuchen. Mach's gut denn.«

Und Gabi verschwand in der staubig-schrundigen Innenstadt in Richtung Luxemburgplatz in einer Art und Weise, als wenn sie sich nie mehr wiedersehen würden.

Ludwig ging zur Saarbrücker Straße 14, unweit des Senefelderplatzes. Vorn auf der Ecke befand sich die tschechische Botschaft in der DDR. Auf dem Klingelbrett las er zweimal den Namen: Schmidt und Schmitt. Allein diese

Namensdoppelung bremste seinen Forscherdrang, und er ging den weiten Weg nach Hause in die Boxhagener Straße zu Fuß, ohne noch einmal bei Günter zu klingeln. Der Mut hatte ihn verlassen, und er wollte an diesem Tag nicht mehr enttäuscht werden.

Am Donnerstag hatte er einen freien Tag, an dem er die Suche nach Manuela fortsetzen wollte. Auch Günter blieb verschwunden. Gegen 9 Uhr sollte Ludwig erst einmal einen Einkauf für seine Mutter erledigen. Mit zwei Einkaufsnetzen ausgerüstet stand er eine Weile unschlüssig vor der Haustür und machte sich in wirren Gedanken einen Plan, wie er all seine Vorhaben in die Tat umsetzen könnte.

Plötzlich kam eine Frau mit einem Auto angefahren. Sie stieg aus und erkundigte sich bei Ludwig nach Frau Mager, die im Betrieb dieser Frau arbeitete. Ludwig erzählte der Fremden, dass sich Frau Mager im Haus 13 des Krankenhauses Friedrichshain befindet, und er werde ihrem Enkelsohn Günter Paschen Bescheid geben, dass er die Arbeitsstelle von Frau Mager benachrichtigen solle, wenn er etwas Genaueres in Erfahrung gebracht hatte. Die Frau verabschiedete sich freundlich und fuhr fort.

Nach dem Einholen erzählte Ludwig seiner Mutter diese Begebenheit. Sie schüttelte den Kopf und verschwand ohne Kommentar aus der Wohnung. Nach einiger Zeit kam sie wieder und erzählte, dass sie bei Frau Bursche gewesen war, der Nachbarin von Emma Mager. Familie Bursche hatte ein Telefon, und ein Telefonat mit dem Krankenhaus Friedrichshain ergab, dass sich Frau Mager nicht in der Klinik befand. Auch nicht im Haus 13. Herta

Lobedan rief die Polizei an, um etwas über Frau Mager in Erfahrung zu bringen, aber dort lagen offenbar keine Erkenntnisse über ihren Verbleib vor. Oder sie wollten am Telefon keine Auskunft geben.

Daraufhin ging Heinrich Lobedan, von Sorge getragen, persönlich zum Volkspolizeirevier in der Proskauer Straße, ohne dort eine Auskunft zu bekommen, und dann zum Sohn von Emma Mager, der Hans Paschen hieß und in der Grünberger Straße wohnte. Er hatte ihn nicht angetroffen, ihm aber einen Zettel hinterlassen, dass er sich unbedingt melden solle. Kurze Zeit später erschien Hans Paschen bei den Lobedans, und da sich bei der Großmutter beziehungsweise dem Enkelsohn keiner meldete und die ganze Sache ihnen nun sehr unheimlich vorkam, sind Hans Paschen und Heinrich Lobedan noch einmal zur Polizei gegangen, wieder zum Volkspolizeirevier in der Proskauer Straße.

In der Zwischenzeit hatte Herta Lobedan ihren Sohn gebeten, den Staubsauger auf dem Hof zu entleeren und zu säubern. Während der Staub umherwirbelte, zog es Ludwig irgendwie magisch in den Keller. Eine unheimliche Vorahnung zog ihn die Kellertreppe herunter. Er schaute in den Kellerverschlag von Frau Mager und sah dort etwas Weißes liegen. Ein Laken oder ein Betttuch, und es sah so aus, als wenn etwas darin eingewickelt war. Nein, viel klarer. Es sah so aus, als wenn sich ein Mensch darin befand.

Das kann ja gar nicht sein, dachte Ludwig, ich bin ja wirklich geisteskrank. So vollendete er auf dem Hof die Staub-

Die Tür zum Kellerverschlag »Mager«
Anlagekarte zum Fundortbericht vom 31. März 1967

saugerreinigung. Seiner Mutter überreichte er stolz das gesäuberte Stück und erzählte ihr natürlich, was er soeben im Keller von Frau Mager entdeckt hatte. Hans Paschen und sein Vater waren zur gleichen Zeit von der Polizei zurück, und die drei Männer stürmten nun in den Keller. Herta Lobedan blieb vorsichtshalber oben in der Wohnung.

Alle drei stierten durch die Kellertür aus Brettern, deren Zwischenräume einen guten Durchblick gestatteten. Und sie blickten voller Entsetzen auf ein Bündel.

Blick in den Kellerverschlag »Mager«. Im Vordergrund die verpackte Leiche. Die Aufnahme wurde mit einem Weitwinkelobjektiv gefertigt. *Anlagekarte zum Fundortbericht vom 31. März 1967*

Nahaufnahme der Verschnürung. *Anlagekarte zum Fundortbericht vom 31. März 1967*

Der Keller war ordnungsgemäß verschlossen; Ludwig hatte nun wieder eine Vorahnung, diesmal aber eine produktive. Er besah sich das Kellerschloss und meinte, dass ein Schlüssel von der Arbeit auch zur Kellertür von Frau Mager passen könnte. So viele verschiedene Schlösser gab es halt nicht in der DDR. Und tatsächlich, der Zufall wollte es, der Schlüssel passte.

Heinrich Lobedan tastete vorsichtig das Bündel ab, und es war schnell klar, dass sich eine Leiche in dem weißen Tuch befand. Die privaten Ermittler verließen eilig den Keller und verschlossen die Tür zum Kellergewölbe. Ludwig war weinend davongerannt, er schluchzte, und dennoch musste er Wache halten, damit niemand mehr den Keller betreten konnte.

Und wie die Geschichte weitergeht, können wir schon erahnen. Familie Bursche hatte ein Telefon, die Volkspolizei wurde alarmiert, und kurz darauf erschienen Kriminalisten und Schutzpolizisten in der Boxhagener Straße. Aber wer verbarg sich hinter der Leiche?

Der *Fundortbericht zum Tötungsverbrechen an bisher unbekannter Person* vom 31. März 1967, unterzeichnet vom Leutnant der K M. Teschke, klärt uns weiter auf.

Am Donnerstag, dem 30. März 1967, gegen 12.40 Uhr, erhielt die in den Räumen der VP-Inspektion Treptow weilende MUK durch den Leiter des Dezernats II, Major der K Hase, den Einsatzbefehl. Um 13.03 Uhr traf die Kommission am Fundort der Leiche ein. Dort befanden sich bereits zehn Volkspolizisten, wobei die Besatzung des Funkstreifenwagens 10, Meister der VP Altstadt und Meister der VP Freimann, wohl die einzigen waren, die arbeiteten. Sie hatten nämlich die Fundortsicherung übernommen.

Ansonsten traf das zu, was der fiktive, aber sehr berühmte Kommissar Wallander in Henning Mankells Roman *Die fünfte Frau* einmal von sich gegeben hat: »Es gab kaum Touristenattraktionen, die sich mit den Tatorten von Verbrechen messen konnten.« Hier waren es die Polizeitouristen, die in großer Zahl in die Boxhagener Straße strömten, angeführt vom Oberstleutnant der VP Schintek, dem stellvertretenden Leiter der VPI Friedrichshain.

Im Verlauf der Fundortuntersuchung trafen noch acht weitere Personen ein, darunter auch exzellente Spezialisten: die Herren Hans Zlab, Herbert Grieschat und Spranger (Vorname nicht bekannt), alle Hauptmann der K, von der Sonderkommission des Ministeriums des Innern der DDR, Staatsanwalt Miltz von der Generalstaatsanwaltschaft von Groß-Berlin und die Assistenzärztinnen des Instituts für gerichtliche Medizin der Humboldt-Universität zu Berlin, Gillner und Müller. Auch der Leiter der Kriminalpolizei im Präsidium der Volkspolizei Berlin, Oberst der K Messner, ließ es sich nicht nehmen, den Keller samt Inhalt in der Boxhagener Straße zu besichtigen.

Den Kellerverschlag mit der Aufschrift »Mager« fanden die Kriminalisten unverschlossen vor, denn Ludwig hatte ja das geöffnete Schloss mit in die Wohnung genommen. Nach Öffnen der Kellertür war ein deutlicher Fäulnisgeruch wahrnehmbar. Weiter lesen wir im Protokoll:

Genau inmitten des Raumes, 20 cm von der Tür entfernt und in genau gerader Richtung, parallel zu den Längswänden, liegt ein 170 cm langes und 50 cm breites weißes paketartiges Bündel. Im der Tür zugewandten vorderen Bereich des Bündels haftet auf dem weißen Bettbezug Blut in Form mehrerer fünfmarkstückgroßer Flecken. Im gleichen Bereich ist eine ca. 25 cm große Zerreißung des Bettbezuges erkennbar, aus dem eine graue Decke heraustritt. Auch hier zeigen sich Blutwischspuren. Im mittleren Bereich dieses Bündels ist ein ca. 8–10 cm starker Hanfstrick mehrfach umgelegt. Dieser Strick führt dann zu dem schmalen Teil des Bündels in je einer rechten und einer linken Phase nach unten. In der Mitte oben ist dieser Strick mehrfach lose verknotet. Am schmalen Bereich des Bündels zeigt sich, dass der Bettbezug zugeknöpft ist, und in einem schmalen Spalt an der Knopfleiste sind die Unterschenkel einer Leiche er-

kennbar. Auf der Leiche, die in Bauchlage liegt, ist im Gesäßbereich ein dunkler Herrenlederhandschuh erkennbar. Rechts neben der Leiche liegt ein zweiter dunkler Herrenlederhandschuh. Beide Handschuhe weisen Blutverschmierungen auf. Die Leiche wird zum Zwecke der Identifikation aus dem Kellerverschlag entfernt und im Auffindezustand in das Institut für gerichtliche Medizin überführt. Genaue Beschreibung der Verpackung und der Leiche ist dem Sektionsprotokoll zu entnehmen.

Im Bereich des Kopfes der Leiche, unmittelbar hinter der Tür, war die Auflagerung von Staub auf dem Fußboden scheinbar nach hinten verlaufend verletzt. Links neben dem Kopf der Leiche fand sich eine in den Staub getretene Teilschuhspur, die gesondert gesichert wurde.

Die Kriminalisten der MUK untersuchten im Keller zwei gefüllte Nährmittelsäcke, die einiges Beweismaterial enthielten. Im linken Sack zum Beispiel ein Stück Fußbodenbelag mit vielen Blutspuren und einer in Blut getretenen Schuhspur, ein Stück gebogenes Zinkblech mit Blutanhaftung, eine blutverschmierte Zeitung, ein Paar Damenstrümpfe, auch blutverschmiert, eine Kunststoffhülle mit dem Personalausweis der Emma Mager, ebenfalls blutverschmiert, ein schwarzer Unterrock mit Blutspuren. Der rechte Sack enthielt unter anderem ein Kopfkissen mit Bezug, blutverschmiert, eine 60 Zentimeter lange Eisenstange mit anhaftenden Blutspuren, zwei blutdurchtränkte Taschentücher. Alles Spuren und Beweismittel, die für die Aufklärung des Falles von enormer Wichtigkeit waren.

Die Fundortuntersuchung endete um 17 Uhr. Der

Fundort wurde fotografisch fixiert und um 17.40 Uhr wieder freigegeben, das heißt, die Sicherung aufgehoben.

Schnell war klar geworden, dass es sich bei der Getöteten um Emma Mager handelte, die Großmutter von Günter Paschen. Aber hatte er sie auch ermordet? Und immer wieder die alte Frage: Warum?

Am 30. März 1967 um 14.10 Uhr wurde Günter Paschen auf seiner Arbeitsstelle, im VEB Großmaschinenbau »7. Oktober« in Berlin-Weißensee, Gehringstraße, in den Räumen des Betriebsschutzes vorläufig festgenommen, da er dringend tatverdächtig war. Er wohnte bei seiner Großmutter, und nur er besaß Zugangsrechte zu dem Keller, dessen Tür nicht durch Fremde manipuliert, das heißt, geöffnet worden war, wie die Kriminaltechniker auch anhand des Überwurfs feststellten, der keine diesbezüglichen Spuren aufwies, die auf eine gewaltsame Entfernung schließen ließen.

Günter Paschen wurde in die Untersuchungshaftanstalt Berlin-Mitte in der Keibelstraße eingeliefert, nachdem gegen ihn ein Ermittlungsverfahren eingeleitet worden war. Darin hieß es: »Der Dreherlehrling Günter Paschen … ist hinreichend verdächtigt, am 24. März 1967 gegen 05.00 Uhr seine in gleicher Wohnung wohnende Großmutter Emma Mager … vorsätzlich gewürgt und mit einer Reibekeule erschlagen zu haben. Anschließend verschnürte er die Leiche in einem Bettbezug und transportierte diese in den Hauskeller. Strafbar gemäß § 211 StGB.«

Der Verdacht gegen Günter Paschen war hinreichend und eindeutig, denn wer noch könnte es gewesen sein? Er gestand sofort seine ruchlose Tat und sagte aus, sie deswegen begangen zu haben, um von seiner Großmutter 400 MDN entwenden zu können. Von diesem Geld kaufte er sich eine Gitarre.

Die Leiche der Großmutter, das gestand er auch, verwahrte er noch bis zum 28. März 1967 in der Besenkammer. Nachdem er sie in Betttücher eingewickelt und mit einer Leine verschnürt hatte, schleppte er sie am selben Tag in den zur Wohnung gehörigen Keller, wo er sie ablegte.

Am 31. März 1967 wurde dann Haftbefehl erlassen und die Durchsuchung und Beschlagnahme in der Wohnung von Emma Mager und Günter Paschen rechtlich bestätigt. Beschlagnahmt wurden eine Trommel, eine Fußmaschine und eine Gitarre, die vermutlich von dem erbeuteten Geld gekauft worden waren. Auch Gabi musste einige Gegenstände herausrücken, die ebenfalls als Beutegut eingestuft wurden: ein rosafarbenes Perlontuch, ein Schaumgummiteddy, eine Schallplatte »Ich weiß ein Mädchen« (!), ein Kofferradio Sternchen und ein Goldmantelring »St 60«, was auch immer das bedeutete.

Alle diese Gegenstände wurden am 26. April 1967 dem rechtmäßigen Erben Hans Paschen übergeben mit dem Hinweis, dass der Erbe verpflichtet sei, beim staatlichen Notariat des Stadtbezirks Berlin-Friedrichshain einen Erbschein beizuholen.

Bei der Verkündung des Haftbefehls am 31. März 1967 durch den Richter Völlger des Stadtbezirksgerichts Berlin-Mitte (Aktenzeichen As 221/67) erklärte sich der Beschuldigte Günter Paschen zur Sache, gestand abermals den Mord und bestimmte, dass keine Benachrichtigung von seiner Festnahme an seinen Vater Hans Paschen erfolgen soll. Das deutete auf ein sehr gespanntes Verhältnis zwischen Vater und Sohn hin.

Oberleutnant der K Heinz Kraft führte noch am 30. März 1967 in der Zeit von 17.30 bis 20.45 Uhr die erste Beschuldigtenvernehmung durch, die wichtige Erkenntnisse in dieser Mordsache ans Tageslicht förderte (Originalzitate aus dem Protokoll wieder *kursiv)*.

Günter Paschen wohnte seit Oktober 1964 bei seiner Großmutter, weil sein Vater, Emma Magers Sohn, ihn aus seiner Wohnung in der Grünberger Straße geworfen hatte. Zu den Gründen wollte er nichts aussagen.

Auch in der Nacht vom 23. März 1967 bis zum 24. März 1967, also von Gründonnerstag bis Karfreitag, hatte er bei seiner Großmutter geschlafen und sie gebeten, ihn am Karfreitag um 4.30 Uhr zu wecken, weil seine Brigade angeblich einen Betriebsausflug machte. Der eigentliche Grund war aber, dass er sich um 6 Uhr mit Gabi, 17 Jahre alt, in der Eberswalder Straße am Taxistand treffen wollte. Er musste diese Notlüge gebrauchen, weil seine Oma so sittenstreng war, wenn er sich mit anderen Mädels traf. Denn Günter Paschen war verlobt, und seine Verlobte Ulrike Esche wohnte im Nachbarhaus und erwartete ein Kind von ihm.

Der Plan war, dass sich Gabi und Günter von Karfreitag bis Ostermontag in der Wohnung des Großvaters (die Magers waren geschieden) in der Eberswalder Straße aufhalten wollten, der verreist war. Günter hatte die Absicht, ihm ein Schlüsselbund zu entwenden, um dann die Wohnung heimlich nutzen zu können. Aber der Diebstahl gelang nicht, so dass ein anderer Plan erforderlich wurde.

Günter grübelte lange und kam schließlich auf die Idee, seine Großmutter umzubringen. Er wusste, dass sie immer etwas Geld im Hause hatte, und einfach ihr das Geld wegnehmen ging ja auch nicht, da wäre sie sofort dahintergekommen, dass es nur der Enkelsohn hätte sein können. Nur ein Mord war die Lösung, um an das Geld zu kommen und eine freie Wohnung für ihre Liebesspiele zur Verfügung zu haben.

Er wusste, dass sie am Mittwoch zuvor von ihrer Arbeitsstelle etwa 250 MDN bekommen hatte, die sie in ihrer Einkaufstasche aufbewahrte.

Über meiner Schlafstätte hängt eine Kordeluhr, und ich konnte anhand dieser Uhr feststellen, dass es etwa 04.00 Uhr war, als meine Oma aufstand und zur Küche ging. Etwa 5 Min. danach bin ich aufgestanden und suchte die Toilette auf. Hierbei wurde ich auch von meiner Oma bemerkt. Und ich hatte gesehen, dass sie für mich das Frühstück zubereitete. Dadurch brauchte mich dann meine Oma nicht mehr wecken, ich begab mich anschließend zur Stube zurück und zog mich an. Danach ging ich zur Küche, frühstückte etwas.

Anschließend zog ich mir meinen Mantel an und gleichzeitig zog ich mir über meine beiden Hände meine Lederhandschuhe. Schon beim Aufstehen und auch während des Frühstücks ließ mich der Gedanke nicht mehr los, meine Oma wegen des Geldes, das ich dringend benötigte, umzubringen. Ich hatte immer noch keine richtige Vorstellung, wie ich das machen sollte. Ich ging dann so angezogen zur

Stube zurück, stellte mich an das Fenster, welches sich unmittelbar neben dem Bett meiner Oma befindet, und sah dort auf die Boxhagener Straße. Meine Oma muss hinter mir hergekommen sein, denn sie stand hinter mir im Zimmer. Meine Oma sprach mich an mit den Worten: »Auf wen wartest du noch? Warum gehst du noch nicht?« Nachdem sie diese Worte gesagt hatte, dachte ich mir, dass es jetzt die beste Gelegenheit wäre, meine Oma umzubringen, da ich unbedingt an ihr Geld ranwollte. Ich drehte mich um, so dass ich vor meiner Oma stand, und griff mit meinen beiden Händen an ihren Hals. Ich drückte dann zu und würgte sie. Da wir beide unmittelbar vor dem Bett meiner Oma standen, ist sie durch mein Würgen rückwärts auf ihr Bett gefallen, und da ich sie nicht losließ, fiel ich mit, so dass ich auf meiner Oma zu liegen kam. Hierbei drückte ich mit meinen Händen immer weiter den Hals meiner Oma zu.

(…) Ich wollte meine Oma durch das Würgen umbringen, damit ich an das Geld rankomme. Die Zeit, wie lange ich gewürgt habe, weiß ich nicht mehr. Ich habe so lange gewürgt, bis sie sich nicht mehr bewegte. (…) Meine Oma hat, so viel ich noch weiß, versucht, sich mit ihren Beinen von mir wegzustoßen, und versucht, mit ihren Händen meine Hände von ihrem Hals wegzubekommen, was ihr jedoch nicht gelungen ist. Geschrien hat meine Oma dabei nicht. Zu Anfang hat sie wohl einmal etwas noch sagen können wie, dass ich aufhören soll.

(…) Nachdem ich mit meinem Würgen aufgehört hatte, stand ich vor ihrem Bett, wo sie lag, und überlegte dabei, wo ich sie nun hinschaffen sollte. Dabei hatte ich den Ein-

Blick von der Ofenecke zum Bett des Opfers. An der Tapete über dem Bett befinden sich Blutspritzer. *Anlagekarte zum Tatortbefundbericht vom 31. März 1967*

druck, dass meine Oma noch lebt, denn es hörte sich so an, als wenn sie noch atmet. Da ich ja wollte, dass sie tot sein soll, bin ich zur Küche gegangen und holte aus der Speisekammer so etwas Ähnliches wie eine Rührkeule aus Holz. Mit dieser Rührkeule ging ich wieder in die Stube zurück und habe damit einmal auf den Kopf meiner Oma zugeschlagen. Ich schlug, so viel ich noch weiß, auf ihre Stirn oberhalb des linken Auges. Nach meinem Schlag konnte ich feststellen, dass es dort an der Stelle, wo ich zugeschlagen habe, auf einmal mächtig anfing zu bluten. Nach diesem Schlag war ich jetzt der Meinung, dass sie tot sei, weil sie sich nicht mehr bewegte und auch keinen Laut mehr von sich gab. Da es sehr blutete und das Blut auf das Kopfkis-

sen floss, holte ich aus der Küche ein Pflaster, welches ich auf die Wunde am Kopf meiner Oma klebte. Ich tat es, damit es aufhören sollte, weiter zu bluten. Da es zwischenzeitlich 05.30 Uhr wurde, und ich mich ja mit Gabi gegen 06.00 Uhr in der Eberswalder Straße verabredet hatte, überlegte ich nun, wohin ich jetzt meine tote Oma bringen könnte. Dabei fiel mir die Besenkammer unserer Wohnung ein. Der Zugang der Besenkammer befindet sich auf dem Korridor. Ich ging dorthin, räumte die Besenkammer aus, ging ins Zimmer zurück, legte einige Couchkissen vor das Bett und zog dann meine tote Oma vom Bett runter auf die Erde, so dass sie auf den Couchkissen lag. Diese Kissen hatte ich deshalb hingelegt, damit es nicht so bumsen sollte, wenn meine Oma vom Bett auf die Erde fällt. Danach holte ich ein Stück alte Wäscheleine, welche ich aus der Besenkammer mit herausgenommen hatte, legte diese doppelt durch eine Schlinge um den Hals meiner Oma und schleifte sie dann am Strick ziehend durch das Zimmer zum Korridor und zur Besenkammer. Dort brachte ich sie in die Besenkammer, stellte all das, was ich vordem aus der Kammer genommen hatte, wieder hinein. Weiterhin habe ich in die Besenkammer das blutige Kopfkissen meiner Oma, ihr Bettlaken, auf dem sie lag, ihren Deckbettbezug, ihre Bekleidungsstücke, die sie am Vorabend ausgezogen hatte und ihre Einkaufstasche mit hineingelegt.

Zuvor entnahm der Mörder aus der Einkaufstasche 300 MDN in Scheinen. Dann verschloss er die Besenkammer und legte den Schlüssel oberhalb der Tür zur Besenkammer in einer Nische ab. Die Rührkeule, die vom Schlag

Die Besenkammer bei geöffneter Tür. In dieser Kammer hielt der Täter die Leiche mehrere Tage verborgen. *Anlagekarte zum Tatortbefundbericht vom 31. März 1967*

zerbrochen war, verbrannte er im Wohnzimmerofen. Blutflecken auf Mantel und Hose reinigte er nur oberflächlich, denn jetzt wurde es ja Zeit, zum Rendezvous mit Gabi zu eilen.

Günter kam erst 6.20 Uhr mit der Straßenbahnlinie 13 zum vereinbarten Treffpunkt, also zu spät. Er entschuldigte sich damit, dass er verschlafen hätte. Dann erzählte er die Story vom Herzanfall seiner Oma und von ihrem Krankenhausaufenthalt, brachte Gabi gegenüber aber zum Ausdruck, dass dies letztlich doch sehr gut sei, denn jetzt könnten sie ein paar Tage in ihrer Wohnung verbringen, ohne dass Oma gleich wieder herummeckert.

Und so geschah es auch. Sie fuhren mit der Straßenbahn der Linie 4 von der Eberswalder Straße bis zur Ecke Boxhagener Straße und freuten sich auf die gemeinsamen Stunden in Omas Wohnung.

Am Ostersonnabend machte der ruchlose Enkelsohn noch einmal Beute. Im Küchenschrank fand er Omas Brieftasche mit einem Sparkassenbuch, und darin lagen 200 MDN in Geldscheinen.

Dann berichtete Günter Paschen vom Fleckenwasser, das er sich von der Familie Lobedan borgen wollte, um die Blutflecken zu entfernen. Nun kommen noch Ludwig und Manuela ins Spiel, die aber gar nicht in der Saarbrücker Straße 14 im Prenzlauer Berg wohnte, sondern in Berlin-Friedrichsfelde. Er sprach von einer »kleinen« Party, aber Ludwig war so betrunken, dass er nicht mehr in der Lage war, seine elterliche Wohnung aufzusuchen. Er hatte sich auf den Bettbezug übergeben.

Nun war die Party vorbei, Gabi zusammen mit Ludwig nach Hause gebracht, und Oma lag immer noch in der Besenkammer. So fasste Günter nach seiner Aussage den Plan, seine tote Oma in den Keller zu schaffen. Das gestaltete sich schwierig. *Ich zog mir meinen blauen Trainingsanzug und meine Lederhandschuhe an, öffnete die Besenkammer, und da kam mir ein fürchterlicher Geruch entgegen. Jetzt habe ich mir noch ein Taschentuch vor den Mund gebunden.*

Der Mörder legte die Oma auf dem Korridor ab und bedeckte sie mit dem Laken aus der Besenkammer. *Dann holte ich aus der Stube eine leere Ausweishülle meiner Oma, die aus Zelluloid bestand, drehte diese zu einer Lunte zusammen, habe Papier herumgewickelt und diese als sogenannte Räucherbombe angezündet. Diese warf ich dann auf den Korridor, dort, wo meine Oma mit dem Laken lag. Ich wollte damit den fürchterlichen Geruch, der sich im Korridor breitmachte, vertreiben.*

Die restlichen Details können wir uns nur teilweise ersparen. In die Kartoffelsäcke stopfte Günter Paschen alle Beweisgegenstände, die mit Blut verschmiert waren, auch ein Stück vom Linoleum aus der Besenkammer. Am Dienstag nach Ostern um 2 Uhr brachte er zuerst die beiden Säcke in den Keller, dann, unter großen Vorsichtsmaßnahmen, seine Oma.

Ich ging dann leise wieder nach oben und habe jetzt die Wäscheleine, mit der das Bündel, in dem meine Oma umwickelt lag, angefasst und so aus der Wohnung gezogen. Danach bin ich rückwärtsgehend vorangegangen und habe so meine tote Oma Stufe für Stufe leise die Treppen heruntergezogen. So habe ich sie dann auch bis zum Keller ge-

bracht. Während des Transportes muss sich die Wäscheleine zusammengezogen haben. Unten im Hauskeller habe ich sie abgelegt, dort, wo die Säcke standen, und habe mir meine Handschuhe ausgezogen und sie dort in den Keller reingeworfen. Danach habe ich den Hauskeller abgeschlossen und bin wieder nach oben gegangen.

Es folgten noch viele Vernehmungen des Beschuldigten Günter Paschen. Am 26. April 1967 nahm er zu seiner »persönlichen Entwicklung« Stellung. Er erzählte, dass er vom Sommer 1962 bis zum Sommer 1963 in einem Spezialkinderheim für schwererziehbare Kinder in Leipzig untergebracht war, das sich sinnigerweise *Heiterer Blick* nannte. Die Einweisung erfolgte durch seinen Vater und seine jetzige Stiefmutter (der Vater war das dritte Mal verheiratet), weil er mit einem Freund zusammen einen kleinen Diebstahl begangen hatte. Seine schulischen Leistungen waren mäßig, durch den Besuch der Abendschule versuchte er aber, seine Noten zu verbessern, um dann am 1. September 1965 eine Lehre als Dreher beim VEB »7. Oktober« in Berlin-Weißensee aufnehmen zu können. In der Berufsschule glänzte er auch nicht, aber in der praktischen Arbeit war er gut. Er wäre bestimmt ein guter Dreher geworden.

In seinem jungen Leben hatte er nur einen Freund gehabt, der Heinz Scholl hieß und mit dem ihn eine kriminelle Karriere verband. Mit Heinz beging er Weihnachten 1966 Einbrüche in West-Pkw, die zum Beispiel am Kino *Kosmos* parkten.

In seiner Vernehmung vom 27. April 1967 erzählte Günter Paschen von einer Schrecksekunde. Die beiden hatten es sich schon in der Wohnung der Oma gemütlich gemacht, Gabi sorgte für Ordnung im Wohnzimmer, während Günter in der Küche Kartoffeln für ein gemeinsames Mittagessen schälte. Als er wieder ins Wohnzimmer kam, fragte ihn Gabi, woher die Blutflecken an der Wand über dem Bett der Großmutter stammten. Er antwortete, dass er das nicht wüsste, und Gabi meinte dann noch, dass er wohl seine Großmutter umgebracht habe, damit sie allein in der Wohnung sein konnten. Man kann sich vorstellen, dass Günter einen großen Schreck bekam, aber Gabi meinte das in einem scherzhaften Ton und fragte auch nicht weiter nach.

Sie schliefen im Bett der Großmutter und hatten eine tolle Liebesnacht. Wir müssen anmerken: Genau an dem Ort, an dem Günter seine Oma bestialisch ermordet hatte!

Am Ostersonnabend sind sie dann mit der S-Bahn nach Königs Wusterhausen gefahren. Von dort schrieb Gabi drei Ansichtskarten, denn die 17-jährige Arbeitskollegin von Günter, auch Lehrling im »7. Oktober«, hatte ihren Eltern gesagt, dass das Arbeitskollektiv einen Ausflug nach Königs Wusterhausen mache und sie deshalb drei Tage nicht zu Hause sei. Es war an alles gedacht.

Der Vernehmer fragte natürlich, wie lange die Leiche der Großmutter im Hauskeller verbleiben sollte und welche Überlegungen hinsichtlich eines weiteren Verbringens der Leiche vorlägen. *Ich habe mir lediglich Gedanken darüber gemacht, ob ich wegrennen sollte oder nicht. Ich habe mir auch keine weiteren Gedanken gemacht, wo ich eventuell die Leiche noch hinbringen könnte. Mir war klar, dass dies einmal rauskommen würde.*

Im Herbst 1964 hatte Günter Paschen 60 Schlaftabletten eingenommen, weil er sich das Leben nehmen wollte. Als Grund gab er an, dass er sich mit seinem Vater und seiner neuen Stiefmutter nicht verstanden habe; er fühlte sich zu Hause nicht wohl. *Meine Stiefmutter hat immer zu mir gesagt, dass ich zu allem zu dumm sei. Vor meinem Vater hatte ich Angst, und meine Stiefmutter habe ich gehasst.*

Ich war drei Tage im Krankenhaus Berlin-Buch und war dort ca. 24 Stunden ohne Besinnung. Seit dieser Zeit habe ich immer viel mit dem Magen zu tun. Ich habe oft Magenschmerzen und oft auch Magenkrämpfe …

In der Gerichtsverhandlung im Dezember 1967 sagte Günter Paschen ergänzend noch aus, dass sein Vater ihn erst ein halbes Jahr nach dem Selbstmordversuch aus der Wohnung wies, und zwar erst dann, als der Vater seinen Abschiedsbrief fand, in dem der Sohn schrieb, dass es ihm zu Hause nicht gefiel.

Nun wollte der Vernehmer, Oberleutnant der K Birkner, noch wissen, welche Empfindungen Günter Paschen hatte, als er seine Großmutter tötete.

Als ich meine Großmutter gewürgt habe, hatte ich geweint. Sie tat mir auf eine Art leid. Ich glaube, ich habe dabei überhaupt an nichts gedacht. Ich war bei meiner Handlung stark erregt und habe auch am ganzen Körper gezittert … Dass ich den größten Fehler gemacht habe, sehe ich schon lange ein. Ich werde versuchen, dass ich dies wieder zum Teil gutmachen kann.

Der *Tatortbefundbericht zum Mord an der Buchhalterin Emma Mager* vom 31. März 1967 hatte alle aktuellen und

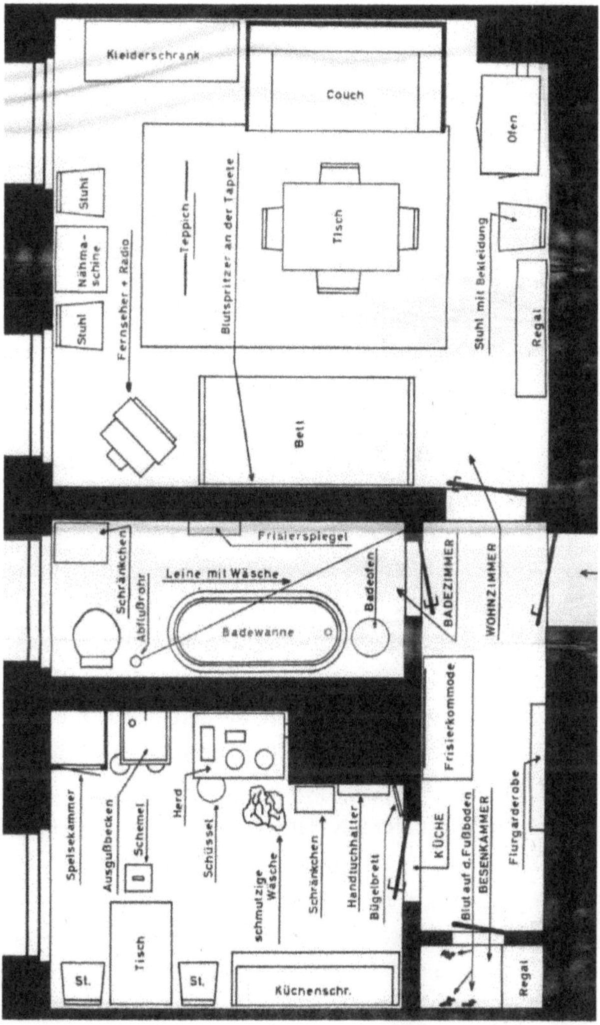

Die Tatwohnung. *Anlagekarte zum Tatortbefundbericht vom 31. März 1967*

auch späteren Aussagen von Günter Paschen bestätigt. Besonderen Wert legten die Kriminalisten natürlich auf die Beschreibung der Besenkammer und des Wohnzimmers, in dem der Mord verübt wurde. Die Situation an der Wand über Omas Bett wird so beschrieben: »150 cm von der Tür entfernt finden sich an der Wand, etwa im oberen Drittel des Bettes, kurz über der Bettkante beginnend bis zu einer Höhe von 110 cm reichend vielfach kleinste Blutspritzer und bräunliche Verfärbungen der Tapete, wobei der Tapetenaufdruck ebenfalls abgerieben ist. Es handelt sich offenbar um ausgewaschene Blutspritzer.«

Emma Mager arbeitete bis zu ihrem Tod halbtags als Lohnrechnerin bei der Staatsdruckerei der DDR, 102 Berlin, Magazinstraße 15–16. Sie war eine fleißige und umsichtige Arbeitskollegin, so heißt es in einer Beurteilung der Staatsdruckerei vom 4. April 1967. »Sie war immer bestrebt, die ihr übertragenen Arbeiten schnell, exakt und sauber auszuführen. Trotz ihrer gesundheitlichen Verfassung war sie immer bereit, bei betrieblichen Erfordernissen auch über ihre festgelegte Arbeitszeit hinaus zu arbeiten.«

Auch die Mitmieter des Hauses Boxhagener Straße hatten nur gute Worte für Emma Mager. Frau Arnhild Schimansky sagte zum Beispiel aus, dass Frau Mager immer gut von ihrem Enkel sprach. Sie hatte den Eindruck, dass dieser von seiner Großmutter verwöhnt wurde. Sie hat sehr viel für ihn getan, sie richtete sich stets nach dem Willen des Enkels. Andere Mieter meinten, dass Frau Mager stets gut zu ihrem Enkel war, er das aber nicht verdient hätte. Seinetwegen war schon mehrmals die Polizei im Haus …

Frau Schimansky traf, wie die kriminalpolizeilichen Ermittlungen ergaben, Frau Mager letztmalig am 21. März 1967 im KONSUM-Lebensmittelgeschäft am Wismarplatz. Hier machte Frau Mager noch Andeutungen, dass sie für ihren Enkel viel Geld ausgegeben hat, um ihm etwas zu Ostern zu kaufen. Sie war stets um ihren Enkel besorgt und gab ihm alles, was er haben wollte. Geld und Obst. Frau Mager äußerte aber auch, dass er manchmal sehr frech zu ihr war.

Besondere Konflikte mit der Großmutter entstanden darüber hinaus, weil Günter Paschen mit Ulrike Esche aus dem Nachbarhaus Boxhagener Straße verlobt war und diese ein Kind von ihm erwartete. Anderen Mädchenbekanntschaften stand Oma deshalb außerordentlich kritisch gegenüber.

Ulrike Esche, ebenfalls 17 Jahre alt, lernte den Beruf des Drehers im Berliner Bremsenwerk. Die Beziehung zu Günter Paschen war durchaus mehrdimensional. Sie hatten nicht nur sexuelle Kontakte, sondern sie gingen auch gemeinsam auf Beutezug. Mit Heinz Scholl war sie an den Einbrüchen in West-Pkw beteiligt, die in der Kadiner Straße in der Nähe des Frankfurter Tores und in der Umgebung des Kinos *Kosmos* geparkt waren. Durch einen ABV wurde auch ruchbar, dass Paschen und Esche im Keller seines Wohnhauses kokelten, was beinahe zu einem Brand geführt hätte.

Weitere Nachbarn wurden vernommen, und Frau Lobedan konnte noch ergänzen, dass Frau Mager mit ihrem

Sohn Hans Paschen völlig entzweit war, weil er seinen Sohn Günter mehrfach »durchgedroschen« hatte. Als er im Korridor stand und um Fleckenwasser bat, sah der Günter ziemlich blass aus. Er hatte tiefe blaue Schatten unter den Augen. Eigentlich war er immer blass, so Frau Lobedan, aber an diesem Tag fiel seine Blässe besonders auf. Sonst war ihr weder an der Bekleidung noch im Verhalten des Enkels etwas Besonderes aufgefallen.

Frau Bursche mit dem einzigen Telefon im Haus schätzte in ihrer Zeugenvernehmung vom 30. März 1967 Frau Mager recht realistisch ein. »Ich muss sagen, dass Frau Mager mit einer gewissen ›Affenliebe‹ an dem Jungen, er ist jetzt 18 Jahre alt, hing. Das drückte sich darin aus, dass sie nur dem Günter recht gab und nur die anderen Schuld hatten, wenn etwas mit ihm war. Ich kann mir über die Richtigkeit dieser Meinung von Frau Mager jedoch kein Urteil erlauben, weil ich so etwas immer nur von ihr selbst hörte. Ich glaube aber, dass Frau Mager aus Liebe zu ihrem Enkelsohn mit einer gewissen Voreingenommenheit urteilte. Ich schließe das daraus, da besonders in der ersten Zeit der Günter die Frau Mager sehr oft anbrüllte, so dass mein Mann einmal mit ihm darüber sprach und ihn darauf hinwies, dass sein Verhalten der Oma gegenüber keinesfalls richtig sei. Außerdem sind mir die Eltern des Günter bereits seit einiger Zeit bekannt, und sie machten auf mich den denkbar besten Eindruck. Eine nähere Einschätzung jedoch kann ich nicht geben. Auch sagte Frau Mager zu mir, dass Günter oft ungezogen zu ihr sei. Wenn sie zum Beispiel fragte, wann er denn nach Hause kommen würde, bekam sie meist nur eine dumme Antwort.«

Ulrike Esche, die schwangere Verlobte von Günter Paschen, wurde am 30. März 1967 ebenfalls vernommen. Sie befand sich damals im sechsten Monat. Ihr war bekannt, dass Günter Paschens neue Freundin Gabi die ganzen Osterfeiertage bei ihm in der Wohnung war. Aber Ulrike liebte den Günter wohl immer noch und verzieh ihm selbst diesen »Seitensprung«. Am späten Abend des 27. März 1967, des Ostermontags, sah Ulrike von ihrem Fenster aus, wie ihr Günter Gabi nach Hause brachte. Als dieser wieder zurückkam, passte Ulrike ihn ab, und dann sprachen sie noch etwa zwei Stunden in der Wohnung der Oma, allerdings nicht über die Großmutter. Ulrike stellte an Günter oder in der Wohnung auch nichts Außergewöhnliches fest. Bevor sie dann nach Hause ging, verabredeten sie sich für den nächsten Abend. Die nächsten beiden Nächte schlief Ulrike dann wieder bei ihrem Günter in der Wohnung der Großmutter.

Am Dienstagabend spielte Günter Ulrike etwas auf seiner neuen Gitarre vor: *Es steht ein Haus in New Orleans* in der Fassung von Manfred Krug. Ulrike war beeindruckt von seinem musikalischen Talent, wollte aber auch wissen, woher er denn das gute Stück, diese ganz neue Gitarre habe. Günter antwortete wahrheitsgemäß, dass er sie gekauft hatte; zum Beweis legte er ihr die Rechnung und das Preisschild vor: 375 MDN! »Hast du das Geld wieder aus dem Sparbuch deiner Großmutter geklaut?«

»Nein«, antwortete Günter. Er zeigte ihr daraufhin ein Sparkassenbuch seiner Oma, aus dem keine Abhebung seit 1966 ersichtlich war. Natürlich wusste Ulrike, dass die Oma zwei Sparkassenbücher hatte, und sie verlangte, auch das zweite zu sehen. Günter behauptete nun, dass er nicht wüsste, wo sich dieses befindet.

Und es kamen noch einige andere Missetaten ans Tageslicht. 1966 hatte Günter vom Sparbuch seiner Oma ungefähr 600 MDN abgehoben, in einem anderen Fall waren es 220 MDN, wofür er sich ein gebrauchtes Tonbandgerät kaufte. Darüber hinaus stahl er viele weitere kleine Summen von den Sparbüchern. Seine Oma war ihm aber nicht sehr böse und vertraute ihrem Enkelsohn immer noch, das heißt, es blieb alles so, wie es schon immer war: unverschlossen. Günter erzählte Ulrike nur, dass die Oma meinte, er könne ja alles in Raten zurückzahlen.

Und ebenfalls am 30. März 1967 berichtete das Kommissariat I der VPI/K Friedrichshain, dass Günter Paschen am 25. Oktober 1966 vor dem Haus Weichselstraße 18, ebenfalls im Friedrichshain, eine 26-jährige Frau angefallen und niedergeschlagen hatte. Er konnte schnell als Täter ermittelt werden, denn er hatte am Tatort sein Schlüsselbund verloren. Dumm gelaufen. Das Opfer wurde gerichtsmedizinisch untersucht, Ergebnisse waren aber nicht bekannt. Da keine Akten zur Verfügung standen, erinnerte sich der Kriminalist daran, dass Günter zum Zeitpunkt dieser Tat »nicht geistig auf der Höhe gewesen sein soll«. Er soll in der Befragung ausgesagt haben, dass er nicht wisse, warum er das gemacht habe, weil er der Frau eigentlich nur hinterhergelaufen sei. Das Verfahren ist dann nach § 35 Jugendgerichtsverordnung (JGVO) eingestellt worden.

Als Letzte in diesem ganzen Protokoll- und Vernehmungsreigen wurde am 30. März 1967 die Gabi gehört, die eigentlich Gabriele Sommers hieß und von der wir schon wissen, dass sie in der Schönhauser Allee in der Nähe des Senefelderplatzes wohnte. Sie erzählte, dass sie seit November 1966 mit Günter Paschen befreundet war. Kennengelernt hatten sie sich im Lehrbetrieb. Seit dem 25. März 1967, dem Ostersonnabend, seien sie sogar »verlobt« - richtig mit Verlobungsringen. Am Dienstag, dem 28. März 1967, hatte Günter ihr eine Schallplatte mit dem Titel *Es steht ein Haus in New Orleans* geschenkt. Das Lied also, das er im Verlaufe des Tages dann Ulrike auf der Gitarre darbieten würde, bevor sie miteinander ins Bett gingen.

Am Schluss der Vernehmung sagte sie laut Protokoll: »Auch in der Wohnung habe ich nichts festgestellt, was irgendwelche Blutflecken gewesen wären. Im Keller seiner Wohnung bin ich noch nie gewesen. Auch die Osterfeiertage über nicht. Davon, dass Günter an seiner Großmutter ein Tötungsverbrechen verübt hat, ist mir nichts bekannt, und ich habe ihm davon nichts angemerkt. Davon habe ich heute erstmalig auf der hiesigen Dienststelle erfahren.«

Und warum hatte sie Ludwig eine falsche Adresse von Manuela genannt und ihn in die Saarbrücker Straße 14 geschickt? Sie hatte mitbekommen, dass Günter nach dem Osterfest wieder mit Ulrike schlief, und sie wollte einfach mit Günter und seinem Freund Ludwig nichts mehr zu tun haben. Auch den Namen Schmidt hatte sie sich für Manuela ausgedacht, denn eine ehemalige Schulkameradin wohnte dort, und die hieß eben Schmidt ...

Damit ist schon viel Licht in diesen Fall gebracht worden, und wir wollen sehen, ob der gerichtsmedizinische Gutachter zur weiteren Erhellung beitragen und neue Fakten liefern konnte.

Das vorläufige gerichtsmedizinische Gutachten erstatteten, auch am 30. März 1967, Prof. Dr. med. Otto Prokop, der Direktor des Instituts für gerichtliche Medizin der Humboldt-Universität zu Berlin, und seine Assistenzärztin Eva Gillner; die Obduktion war von Staatsanwalt Miltz angeordnet worden.

Das Obduktionsergebnis stand nicht im Widerspruch zum Geständnis von Günter Paschen: »Im vorliegenden Fall liegt ein Tod durch fremde Hand vor. Die Frau hat zu Lebzeiten einen Schlag gegen die linke Augenbrauengegend mit einem stumpfen Gegenstand erhalten. Des Weiteren sind zu Lebzeiten an näher beschriebenen Bereichen Unterblutungen durch Schläge oder Festhalten entstanden. Das um den Hals gelegte Strangwerkzeug ist zu Lebzeiten angelegt und zugezogen worden. Desgleichen ist dem Ableben ein Würgen mit Bruch des Kehlkopfskeletts vorausgegangen. Die festgestellten Zeichen der Gewalteinwirkung waren bis auf die des Drosselvorganges kräftig vital gekennzeichnet. Zur Frage der Priorität kann aufgrund des Durchblutungsgrades nur ausgesagt werden, dass die einzelnen Vorgänge rasch hintereinander stattgefunden haben.«

Vor Gericht wird die Gerichtsmedizinerin Eva Gillner im Dezember 1967 dann aussagen: »Es steht fest, dass durch Würgen und Drosseln der Tod eingetreten ist. Durch den Schlag auf den Kopf wäre der Tod auch eingetreten. Würgemerkmale wurden von außen nicht festgestellt, da der Angeklagte mit Handschuhen seine Tat ausführte. Die Darstellung des Angeklagten stimmt mit unseren Feststellungen überein.«

Anfang Mai waren alle Ermittlungen abgeschlossen, so dass Oberleutnant der K Birkner am 12. Mai 1967 seinen Schlussbericht zu Papier bringen und Staatsanwalt Miltz urschriftlich mit den dazugehörigen Beweismitteln übersenden konnte.

Jetzt fehlte nur noch das psychiatrische Gutachten, das am 4. August 1967 von Doz. Dr. Dr. med. habil. Hans Szewczyk, Oberarzt und Leiter der gerichtspsychiatrischen Abteilung, erstattet wurde. Er kam zu dem Ergebnis, »dass wir keinerlei Voraussetzungen fanden, die für eine krankhafte Störung der Geistestätigkeit, eine Geistesschwäche oder eine Bewusstseinsstörung zur Zeit der Tat sprechen, so dass die Anwendung des § 51 StGB in einem seiner Ansätze nicht empfohlen werden kann.«

Rückblende. Um weitere Aussagen des Gutachtens verstehen zu können, muss noch erwähnt werden, dass Günter Paschen im Juni 1967 einen Brief an den Staatsanwalt Miltz schrieb und Teile seines Geständnisses widerrief. Insbesondere ging es um das Motiv der Tat. Der Beschuldigte wollte nicht, dass es wie ein Raubmord aussieht. Warum? *Weil Raubmord das Schlimmste ist, was es überhaupt gibt. Es war kein Raubmord. Weil ich das Geld erst einen Tag später weggenommen habe, als es passiert war.*

Und weil auch in der DDR jeder Beschuldigte und Angeklagte das Recht hatte, sein Geständnis ganz oder teilweise zu widerrufen, vernahmen Staatsanwalt Miltz und Oberleutnant der K Birkner Günter Paschen ein weiteres Mal, und zwar am 28. Juni 1967 in der Zeit von 9.00 Uhr bis 10.05 Uhr.

Dem Psychiater gegenüber brachte der Beschuldigte ein ganz neues Motiv ins Spiel. Er behauptete, seine Großmutter aus Wut umgebracht zu haben, weil diese so über die Ulrike geschimpft hatte. »Es steht also zur Diskussion«, so Hans Szewczyk, »ob wirklich die Wut, der beabsichtigte Raub oder die Tatsache, dass er eine Wohnung benötigte, um drei Tage mit der Gabi zu verbringen, die vorherrschenden Motive waren bzw. ob ein Motivbündel aus diesen bestand.

Der Sachverständige kann aus seinen Erfahrungen hierzu nur sagen, dass ein derartiger Tathergang unter der Würdigung der besonderen Persönlichkeit ihm als nicht nachfühlbar erscheint. Würde Paschen tatsächlich nur aus Wut gehandelt haben, so wären die vielfachen Tathandlungen nicht zu erklären. Auch seine Persönlichkeit spricht nicht dafür, dass er bei einer Beleidigung seiner ehemaligen Verlobten so aus der Fassung geraten wäre, besonders in Anbetracht der Tatsache, dass er gerade dabei war, sich mit einem anderen Mädchen zu treffen.

Auch der weitere Tathergang, nämlich die Art des Versteckens des Opfers, die Tatsache, dass er mit seiner Freundin in dem Mordbett übernachtete, sprechen nicht für die Richtigkeit dieser angegebenen Motivation.

Der Sachverständige kommt also zum Schluss, dass er – unabhängig von den Feststellungen des Hohen Gerichtes – die Motivation, er habe lediglich aus Wut über eine

Beleidigung Ulrikes durch seine Großmutter gehandelt, als höchst unwahrscheinlich ansieht und dass darüber hinaus eine Affekterregtheit vor der Tat, die die Voraussetzung des § 51 StGB in einem seiner beiden Absätze erfüllt, nicht gesehen werden kann.«

Zur Persönlichkeit lesen wir im Gutachten, dass Günter Paschen eine besondere demonstrativ-hysterische Wesensart entwickelt hatte. Solche Menschen seien nun einmal in ihrer Gefühls- und Gemütslage wenig echt. Sie empfinden wenig tief, ihre Gefühlszuwendung wechselt sehr stark, und sie sind in der Lage, Gefühle zu heucheln beziehungsweise nicht echt zu empfinden. Dies ist zweifellos eine gewisse Fehldisposition dafür, zu einer solchen Tat, wie Paschen sie ausführte, überhaupt fähig zu sein. Sein Verhältnis zur Großmutter war durch keine besondere Zuneigung oder etwa Dankbarkeit geprägt. Sein Verhältnis zu der von ihm schwangeren Freundin und zu der zweiten Freundin war wenig durch eine echte Liebe, sondern teilweise sexuell unterbaut, weil auch, zumindest was die zweite Freundin angeht, mit einem gewissen Besitzerstolz geprägt.

Am 31. August 1967 erhob der Staatsanwalt namens Richter Anklage beim Strafsenat des Stadtgerichts von Groß-Berlin. In der Anklageschrift wurden exakt alle wesentlichen Ermittlungsergebnisse zusammengefasst. Er klagte den Dreherlehrling an, am 24. März 1967, gegen 5.00 Uhr, in 1035 Berlin, Boxhagener Straße, seine Großmutter *aus Habgier und in räuberischer Absicht* vorsätzlich getötet zu haben.

Unter Verweis auf ein Urteil des Obersten Gerichts der

DDR vom 29. November 1965, veröffentlicht in der Fachzeitschrift *Neue Justiz* 1966, S. 156, wertete die Staatsanwaltschaft sein auf finanzielle Vorteile gerichtetes egoistisches Streben als Habgier. »Die Tat selbst wurde für das Opfer, entsprechend der geschilderten Situation, plötzlich, völlig überraschend ausgeführt, ohne dass die Möglichkeit einer wirksamen Gegenwehr gegeben war. Die Tatausführung erfolgte daher auch hinterlistig.«

Die nach der Tat vorgenommene Art und Weise der Aneignung und Verwendung der Barmittel zeige, dass es sich offensichtlich um das Hauptmotiv handelte. »Wenn der Beschuldigte in seiner Abschlussvernehmung am 28. Juni 1967 im Gegensatz zu seinem Vorbringen vor dem Staatsanwalt am 8. Mai 1967 erklärte, dass er auch schon vor der Tat den Gedanken hatte, nach der Tötung seiner Großmutter die Möglichkeit für einen gemeinsamen Aufenthalt mit der Freundin Sommers in der Wohnung zu schaffen und er vor dem Gutachter ergänzte *einmal eine durch niemanden beeinflusste Freiheit genießen zu wollen*, so spricht dieses, wie auch vom Gutachter erklärt, für ein Motivbündel. Das Hauptmotiv wird hierdurch nicht erschüttert.«

Die gesamte, mit erheblicher Brutalität ausgeführte Tathandlung, so unverständlich sie selbst dem psychiatrischen Gutachter erschien, könne nur eine Erklärung finden, nämlich in der außerordentlichen Gefühlskälte und seiner Bindelosigkeit.

Am 19. und 21. Dezember 1967 tagte der Strafsenat 2a des Stadtgerichts von Groß-Berlin, wie im Fall Walter

Steeger unter dem Vorsitz von Oberrichter Wüstneck, in einer öffentlichen Sitzung und erkannte für Recht: »Der Angeklagte Günter Paschen wird wegen Mordes in Tateinheit mit Raub (§§ 211, 249, 73 StGB) zu lebenslangem Z u c h t h a u s verurteilt. Er hat die Auslagen des Verfahrens zu tragen.«

Das Gericht folgte in der Begründung der Staatsanwaltschaft, was die Motive der Tat betrifft. Paschen hatte einen Menschen getötet, und zwar sowohl aus Habgier, als auch zur Ermöglichung einer anderen Straftat, nämlich eines Raubes. Auch sonst waren die Gründe für die Tötung als besonders verabscheuungswürdig zu bewerten, als Paschen sich auf Kosten des Lebens seiner ständig für ihn sorgenden Großmutter vergnügen wollte.

Das Gericht hatte zwischen der Todesstrafe oder lebenslangem Zuchthaus zu entscheiden, so, wie es die Bestimmung des § 211 StGB für dieses zu den schwersten Angriffen auf die Gesellschaft zählende Verbrechen vorsah. »Die Jugend des Angeklagten«, heißt es in der Urteilsbegründung, »und seine von der Verteidigung besonders hervorgehobene ungünstige Entwicklung, für die der Angeklagte selbst nicht verantwortlich gemacht werden kann und hinsichtlich derer es den Anschein hat, als treffe die erziehungspflichtigen Eltern, insbesondere den Vater, der in der Hauptverhandlung von seinem Zeugnisverweigerungsrecht Gebrauch gemacht hatte und seine Erziehungspflicht kurzerhand auf die nunmehr ihrem Enkel zum Opfer gefallene Großmutter übertrug, die Verantwortung, veranlassten den Senat unter Berücksichtigung der Rechtsprechung des Obersten Gerichts der DDR, dem staatsanwaltschaftlichen Antrag folgend auf eine lebenslange Zuchthausstrafe zu erkennen.«

Wiederum ein weises Urteil!

Bevor das Urteil gesprochen werden konnte, gab es die Plädoyers von Verteidigung und Staatsanwaltschaft. Staatsanwalt Richter forderte, wie wir bereits wissen, eine lebenslange Zuchthausstrafe und äußerte, wie zuvor schon der Sachverständige Szewczyk, dass der Angeklagte aber kein asozialer Mensch sei. Das wollen wir unbedingt für den Schluss der Geschichte festhalten!

Über das weitere Leben des Günter Paschen wissen wir herzlich wenig. Durch einen Amnestiebeschluss des Staatsrates der DDR vom 24. September 1979 wurde die lebenslange Freiheitsstrafe für Günter Paschen auf 15 Jahre Freiheitsstrafe herabgesetzt. Seine Entlassung, und das ist die letzte Nachricht von ihm, die wir erhalten haben, erfolgte am 29. März 1982 – nach Berlin-West.

Was ist aus den Hauptakteuren geworden? Wir können nur vage Vermutungen anstellen.

Ludwig, ein sensibler, schüchterner junger Mann mit Visionen und Vorahnungen, der sich selbst ein wenig im Wege stand, der seiner ersten großen Liebe in einem Mordzimmer begegnet war, hatte er danach, als das Brutale und Bestialische dann offenkundig geworden war, ein ganz normales Leben führen können? Er war weinend weggerannt, als sie, die beiden Väter und er, die Leiche im Keller in der Boxhagener Straße gefunden hatten; er konnte das Vorgefallene überhaupt nicht begreifen und war derart bestürzt, dass ihn einige Zeit der Mut zum Weiterleben gänzlich verließ.

Und wenn Günter Paschen heute auf sein Leben zurückschauen würde, was würde er sehen? Blickt er aus dem Fenster und starrt einfach in die Vergangenheit oder hat er die vom ihm verursachten grausamen Ereignisse, die nun schon fast 50 Jahre zurückliegen, immer noch vor Augen? Liegt er in diesem Moment auf dem Fußboden seiner Wohnung und starrt an die Decke? Stellt er sich dann den ganzen Himmel vor, blau mit schönen weißen Wölkchen? Oder sieht er Blut? Konnte er alles vergessen oder verdrängen?

Wir können sicher sein, dass er in seinen Gedanken immer wieder abdriften wird zum Anfang, als alles begann, zu den letzten Minuten seiner Vor-dem-Mord-Existenz, als er noch ein ziemlich normaler Junge mit einer Gitarre war, der wunderbar *Es steht ein Haus in New Orleans* spielte und sang und auch mit dem Schlagzeug in einer Band hervorragend umgehen konnte. Nun ja, ein Einzelgänger, gefühlsarm, zurückhaltend, mit ein paar Macken und Schwierigkeiten, aber eben mit Talenten gesegnet.

Was wäre nur aus ihm geworden, wenn vor allen Dingen der Vater das Leben seines Sohnes in andere Bahnen gelenkt hätte? Vom musischen Talent einmal abgesehen, vom Lehrbetrieb und der Berufsschule wurde er gar »als intelligenter Schüler mit einer schnellen und leichten Auffassungsgabe eingeschätzt«; er war einer der besten Schüler seiner Klasse, kein asozialer Mensch, nein, das war er wirklich nicht. Ihm fehlten nur ein wenig Führung, Vorbild, Liebe und Vertrauen. So einfach sind manchmal die Erklärungen für ein gescheitertes Leben.

Wir haben keine Kenntnis darüber, was ihn heute vorantreibt und wie es ihm geht. Aber wir begreifen: Solange es einen Morgen gibt, bleibt immer noch eine Chance für den Neuanfang.

Und wir haben gelernt, dass man die Wahrheit, nicht nur zur Osterzeit, auch in eine Besenkammer stellen oder in einen Keller legen kann, sie aber niemals dort bleiben wird.

Literatur

Akte BStU: MfS AS Nr. 329/74 (Tötungsdelikt Gisela G.).

Akten des Generalstaatsanwaltes von Groß-Berlin I B 45.64 (Tod im Friedrichshain), 104983 (Tötungsdelikt Gisela G.) und B I 6.67 (Die Tote in der Besenkammer).

Doyle, Arthur Conan: Die Abenteuer von Sherlock Holmes. Sämtliche Sherlock-Holmes-Erzählungen. Band I. Gustav Kiepenheuer Verlag. Leipzig und Weimar 1983.

Goethe, Johann Wolfgang: Novelle. Das Märchen. Reclams Universal-Bibliothek Nr. 7621. Stuttgart 2015.

Groß, Hans (hier: Hanns Gross): Criminalpsychologie. Leuschner & Lubensky. Graz 1898.

Groß, Hans: Erforschung des Sachverhaltes strafbarer Handlungen. J. Schweitzers Verlag. München 1902.

Høeg, Peter: Fräulein Smillas Gespür für Schnee. Rowohlt rororo. Reinbek bei Hamburg 1996.

Hunfeld, Frauke: Am Anfang war der Mord. Essay. Crime Nr. 1/2015, S. 8–9.

Kroll, Remo: Die Kriminalpolizei im Ostteil Berlin (1945–1990). Verlag Dr. Köster. Berlin 2012 (Schriftenreihe Polizei. Studien zur Geschichte der Verbrechensbekämpfung. Hrsg. von Ingo Wirth und Remo Kroll. Band 1).

Kruse, Hans-Joachim: Einleitung. In: Wer ist schuld? Die deutsche Kriminalerzählung von Schiller bis zur Gegenwart. Band 3. Das Neue Berlin. Berlin 1969.

Mielke, Michael: »Das Opfer musste ihn ›Meister‹ nennen und niederknien. Am Montag beginnt der Prozess gegen Bauhelfer Dieter H. Er entführte im Februar eine Frau und quälte sie wochenlang in seinem Keller.« In: *Die Welt* vom 14. Oktober 1999.

Orlob, Stefan: War der deutsche forensische Psychiater Hans Szweczyk der erste moderne Profiler? Archiv für Kriminologie Heft 207/2001, S. 65–72.

Schiller, Friedrich: Der Verbrecher aus verlorener Ehre. Eine wahre Geschichte. In: Schillers Werke in fünf Bänden. Erster Band. Gedichte und Prosaschriften. Aufbau-Verlag. Berlin und Weimar 1984.

Schurich, Frank-Rainer: Tödliche Lust. Sexualstraftaten in der DDR. Sonderausgabe edition berolina. Berlin 2013.

Wirth, Ingo, und Remo Kroll: Morduntersuchung in der DDR. Verlag Dr. Köster. Berlin 2014 (Schriftenreihe Polizei. Studien zur Geschichte der Verbrechensbekämpfung. Hrsg. von Ingo Wirth und Remo Kroll. Band 3).

Wörterbuch der sozialistischen Kriminalistik. Ministerium des Innern. Publikationsabteilung. Berlin 1981.

Abkürzungen

Abt.	Abteilung
ABV	Abschnittsbevollmächtigter
AK	Allgemeine Kriminalität
B-Dienst	Bereitschaftsdienst
BStU	Der/Die Bundesbeauftragte für die Unterlagen des Staatssicherheitsdienstes der ehemaligen DDR
DDR	Deutsche Demokratische Republik
Dez.	Dezernat
DVP	Deutsche Volkspolizei
GMI	Gerichtsmedizinisches Institut
JGG	Jugendgerichtsgesetz
JGVO	Jugendgerichtsverordnung
K	Kriminalpolizei
KP	(Vordruck der) Kriminalpolizei
KT	Kriminaltechnik
KWO	Kabelwerk Oberspree
MdI	Ministerium des Innern
MDN	Mark der Deutschen Notenbank (DDR-Währung)
MfS	Ministerium für Staatssicherheit
MUK	Morduntersuchungskommission
ODH	Operativer Diensthabender
OEG	Operative Einsatzgruppe
PdVP	Präsidium der Volkspolizei
Pkw	Personenkraftwagen

SED	Sozialistische Einheitspartei Deutschlands
StGB	Strafgesetzbuch
StPO	Strafprozessordnung
SV	Strafvollzug
VEB	Volkseigener Betrieb
VP	Volkspolizei
VPI	Volkspolizeiinspektion
VPR	Volkspolizeirevier
WSI	Wasserschutzinspektion